RELAÇÕES CONTRATUAIS ASSIMÉTRICAS E PODER ECONÔMICO

UM ESTUDO SOBRE A HIPOSSUFICIÊNCIA DAS PEQUENAS EMPRESAS NO MERCADO

CARLOS WILLIANS OSÓRIO

RELAÇÕES CONTRATUAIS ASSIMÉTRICAS E PODER ECONÔMICO

UM ESTUDO SOBRE A HIPOSSUFICIÊNCIA DAS PEQUENAS EMPRESAS NO MERCADO

Belo Horizonte

FÓRUM
CONHECIMENTO JURÍDICO

2019

© 2019 Editora Fórum Ltda.

É proibida a reprodução total ou parcial desta obra, por qualquer meio eletrônico, inclusive por processos xerográficos, sem autorização expressa do Editor.

Conselho Editorial

Adilson Abreu Dallari
Alécia Paolucci Nogueira Bicalho
Alexandre Coutinho Pagliarini
André Ramos Tavares
Carlos Ayres Britto
Carlos Mário da Silva Velloso
Cármen Lúcia Antunes Rocha
Cesar Augusto Guimarães Pereira
Clovis Beznos
Cristiana Fortini
Dinorá Adelaide Musetti Grotti
Diogo de Figueiredo Moreira Neto (*in memoriam*)
Egon Bockmann Moreira
Emerson Gabardo
Fabrício Motta
Fernando Rossi
Flávio Henrique Unes Pereira

Floriano de Azevedo Marques Neto
Gustavo Justino de Oliveira
Inês Virgínia Prado Soares
Jorge Ulisses Jacoby Fernandes
Juarez Freitas
Luciano Ferraz
Lúcio Delfino
Marcia Carla Pereira Ribeiro
Márcio Cammarosano
Marcos Ehrhardt Jr.
Maria Sylvia Zanella Di Pietro
Ney José de Freitas
Oswaldo Othon de Pontes Saraiva Filho
Paulo Modesto
Romeu Felipe Bacellar Filho
Sérgio Guerra
Walber de Moura Agra

FÓRUM
CONHECIMENTO JURÍDICO

Luís Cláudio Rodrigues Ferreira
Presidente e Editor

Coordenação editorial: Leonardo Eustáquio Siqueira Araújo
Aline Sobreira de Oliveira

Av. Afonso Pena, 2770 – 15º andar – Savassi – CEP 30130-012
Belo Horizonte – Minas Gerais – Tel.: (31) 2121.4900 / 2121.4949
www.editoraforum.com.br – editoraforum@editoraforum.com.br

Técnica. Empenho. Zelo. Esses foram alguns dos cuidados aplicados na edição desta obra. No entanto, podem ocorrer erros de impressão, digitação ou mesmo restar alguma dúvida conceitual. Caso se constate algo assim, solicitamos a gentileza de nos comunicar através do *e-mail* editorial@editoraforum.com.br para que possamos esclarecer, no que couber. A sua contribuição é muito importante para mantermos a excelência editorial. A Editora Fórum agradece a sua contribuição.

Dados Internacionais de Catalogação na Publicação (CIP) de acordo com a AACR2

OS83r	Osório, Carlos Willians Relações contratuais assimétricas e poder econômico: um estudo sobre a hipossuficiência das pequenas empresas no mercado / Carlos Willians Osório.– Belo Horizonte : Fórum, 2019. 181 p.; 14,5 x 21,5cm ISBN: 978-85-450-0668-8 1. Direito Econômico. 2. Direito Administrativo. 3. Administração de Empresas. I. Título. CDD 341.378 CDU 346

Elaborado por Daniela Lopes Duarte - CRB-6/3500

Informação bibliográfica deste livro, conforme a NBR 6023:2018 da Associação Brasileira de Normas Técnicas (ABNT):

OSÓRIO, Carlos Willians. *Relações contratuais assimétricas e poder econômico*: um estudo sobre a hipossuficiência das pequenas empresas no mercado. Belo Horizonte: Fórum, 2019. 181 p. ISBN 978-85-450-0668-8.

À memória de minha mãe.

Aos meus irmãos Antonio Carlos e Denise, pelo carinho e apoio incondicionais.

SUMÁRIO

APRESENTAÇÃO 9

INTRODUÇÃO 11

CAPÍTULO 1
PASSADO E PRESENTE DAS PEQUENAS EMPRESAS NO BRASIL 13
1.1 Economia de subsistência: uma herança persistente 14
1.2 Empreendedorismo como *necessidade* de iniciativa 25
1.3 As pequenas empresas na atualidade brasileira 33
1.3.1 O financiamento das pequenas empresas no Brasil 43
1.3.2 Sistema unificado de arrecadação de impostos e contribuições 50
1.3.3 Sobre o acesso aos mercados 54

CAPÍTULO 2
RELAÇÕES CONTRATUAIS ASSIMÉTRICAS 69
2.1 A coexistência mercadológica e os princípios de regência 71
2.2 O Estado interventor e as relações contratuais 86
2.2.1 A função social do contrato 90
2.2.2 A boa-fé objetiva nas relações contratuais 93
2.2.3 Justiça contratual 98
2.3 A hipossuficiência das pequenas empresas no mercado 99
2.3.1 Assimetria em contratos privados 104
2.3.1.1 Ainda sobre a assimetria em contratos privados: a perspectiva no âmbito do Projeto de Lei nº 1.572/2011 114
2.3.2 Assimetria em contratos administrativos 121

CAPÍTULO 3
SISTEMA DE PROTEÇÃO EMPRESARIAL 135
3.1   A proteção sobre os contratos privados 136
3.1.1   Proteção social e solidariedade: uma fórmula para se
         compartilhar os riscos... 146
3.1.2   Proposta de um sistema de proteção empresarial
         incidente sobre contratos privados....................................... 152
3.2   A proteção sobre os contratos administrativos 161
3.2.1   Proposta de um sistema de proteção empresarial
         incidente sobre contratos administrativos 166

CONCLUSÃO 169

REFERÊNCIAS 175

APRESENTAÇÃO

A existência e superioridade numérica das empresas de pequeno porte constituem a materialização de um país marcado por profundas e históricas desigualdades sociais. Trata-se de segmento que representa a resistência das classes desfavorecidas ao poderio econômico das grandes organizações, formando expressivo pilar de sustentação da economia, tanto pelo número de estabelecimentos, quanto pela sua capacidade de gerar empregos – fatos comprovados histórica e estatisticamente. Por essa razão, tornam-se merecedoras da proteção do Estado como forma de garantir sua coexistência no mercado, especialmente quando celebram contratos com empreendimentos de maior porte, ocasião em que tais relações podem revelar-se assimétricas. A partir dessa constatação, a presente obra abarca a compreensão da assimetria que reveste as relações contratuais das pequenas empresas, articulada com a necessidade de criação de um sistema de proteção empresarial, incidente em situações geradoras de necessidade.

INTRODUÇÃO

A disputa por espaço entre grandes e pequenos empreendimentos não é recente. A história e os acontecimentos contemporâneos revelam que o território brasileiro é – e sempre foi – hegemônico desde os primórdios de sua formação econômica.

É a partir do reconhecimento desse ambiente iníquo que pretendemos desenvolver o presente trabalho, demonstrando, especialmente, de que forma a nossa herança colonial contribuiu para sua formação, tendo como foco a origem dos pequenos empreendimentos por estas terras.

Como foi possível surgir pequenas unidades produtivas se o Brasil – bem antes de receber esta denominação – era segregado, de um lado, pela força do grande capital exercida pelos colonizadores e, de outro, pela força de trabalho escravo, imposta a todos os demais habitantes? E nos dias atuais, o que muda? É válido falar em empreendedorismo? A economia brasileira é povoada por empresas de todos os portes. Como convivem e se articulam esses diferentes capitais? Como interagem e se subordinam uns aos outros? Como o Estado intervém para equalizar as forças no mercado?

São todas reflexões plausíveis e plenamente justificadoras para a elaboração deste trabalho, que tem como desígnio analisar a hipossuficiência das pequenas empresas no mercado, frente ao poderio econômico perpetrado pelas grandes organizações, sobretudo nas relações contratuais assimétricas celebradas entre essas diferentes unidades produtivas.

Para tanto, será seguido um roteiro que contempla a análise da formação econômica do Brasil, marcada pelo interesse notadamente agromercantil e exportador dos colonizadores, desencadeando, a partir de então, um cenário hegemônico e irradiador de efeitos negativos até os dias atuais.

Ainda em espaço inaugural, o estudo aborda, de uma maneira deliberadamente crítica, as circunstâncias que impulsionam os agentes desprovidos de recursos a se lançarem no mercado para o exercício de uma atividade econômica, tudo articulado com dados estatísticos que demonstram o papel dos pequenos negócios como baluarte da livre iniciativa, além da análise do aparato jurídico que dispensou a esse segmento tratamento favorecido e diferenciado.

Em capítulo subsequente, será discutido o cerne do problema proposto, que envolve referências às relações contratuais entre grandes e pequenas empresas, as quais podem se revelar assimétricas em determinadas situações, com destaque para a hipossuficiência econômica dos empreendimentos menos abastados e a necessidade – principiológica e fática – de assegurar a coexistência de todas essas unidades produtivas no mercado.

No capítulo seguinte, será proposto um sistema de proteção que tem como fundamento a preservação de valores constitucionalmente previstos, mormente porque o empreendimento de pequeno porte constitui uma forma de se viabilizar o trabalho humano e, como tal, merece amparo em situações geradoras de necessidades.

CAPÍTULO 1

PASSADO E PRESENTE DAS PEQUENAS EMPRESAS NO BRASIL

Não é possível iniciar um estudo aprofundado sobre empreendimentos de pequeno porte no Brasil sem tocar em uma ferida que jamais se cicatriza: a pobreza. E o problema dessa não cicatrização está na perpetuação dos motivos que a provocaram, consubstanciados na hegemonia de classes e na exploração que há, e sempre houve, entre elas.

Ao longo desse estudo, poderemos identificar que a concepção das pequenas empresas no Brasil é marcada por um viés de resistência das classes menos favorecidas.

Portanto, o propósito deste capítulo inaugural é investigar se, historicamente, sempre foi assim. É dizer: para compreender aonde chegamos, é preciso saber de onde viemos; qual o nosso passado; que herança possuímos para contarmos com um contingente de hipossuficientes econômicos que tentam, a todo custo, resistir às condições desfavoráveis?

Pesquisadores clássicos da formação econômica e política do Brasil – identificados ao longo deste estudo e que formam, em grande parte, o nosso referencial teórico[1] – apontam algumas razões de base e oferecem toda a contribuição de que necessitamos para responder às indagações alçadas no parágrafo anterior.

Esse conjunto de pensamentos aponta que especificidades de interesses e, também, da estrutura primitiva disponível nestas terras definiram a forma exclusiva de colonização do Brasil, pautada na

---

[1] São eles: Caio Prado Júnior, Ladislau Dowbor e Luiz Carlos Bresser-Pereira.

exploração da vasta natureza e da força de trabalho dos habitantes que por aqui se encontravam.

Segundo tais pesquisadores, a dominação e a exploração exercidas desde os primórdios do descobrimento do Brasil, por uma classe privilegiada em detrimento de todos os outros habitantes, definiram considerável parcela da nossa realidade atual, inclusive – o que interessa mais de perto aos propósitos deste estudo – a própria hegemonia das grandes organizações sobre os pequenos empreendimentos. É sobre esse aspecto, bastante peculiar, que trataremos a partir de agora.

1.1 Economia de subsistência: uma herança persistente[2]

Diferentemente de outros países também colonizados, aqui não houve, por parte da metrópole, uma sobreposição de estrutura econômica e política sobre aquela originariamente existente. Isso porque contávamos – sim, desde aquela época – com uma infraestrutura rudimentar, que sequer permitia o aproveitamento (e aprimoramento) de eventual economia pré-existente, o que incentivou os colonizadores a constituir seu próprio sistema de produção, fundamentado, como não é difícil conceber, nos valores que mais os atraíam.

Os solos férteis que, futuramente, receberiam a denominação de "Brasil", apresentavam suas fraquezas nos aspectos numérico, social e organizativo, oferecidos por sua população indígena. Essas constatações, somadas, foram determinantes para que a metrópole estabelecesse uma economia, determinando funções e escolhendo produtos a partir de um fator de produção abundante e preexistente: a terra.[3]

---

[2] A base interpretativa exposta ao longo dos itens 1.1 e 1.2 foi extraída de capítulo de livro, de nossa autoria, intitulado "Livre Iniciativa e Pequenas Empresas: Empreendedorismo ou Necessidade Histórica de Subsistência?" (SARAI, Leandro (Org.). *Direito Político e Econômico no Brasil à Luz de Caio Prado Júnior*. São Paulo: Arraes, 2015, p. 25-40), contando o texto, no presente trabalho, com aprofundamento bibliográfico, de forma a oferecer ao leitor uma visão ampla sobre o estágio seminal dos pequenos empreendimentos no Brasil.

[3] DOWBOR, Ladislau. *A formação do capitalismo no Brasil*. 2. ed. São Paulo: Brasiliense, 2009, p. 50.

É verdade, como afirma Ladislau Dowbor, que na América hispânica também havia uma estrutura indígena. Contudo, tratava-se de uma civilização que se "[...] situava claramente acima dos índios que os portugueses encontraram no Brasil".[4]

Se não bastasse, a existência de materiais preciosos, como o ouro e a prata, orientou de outra maneira as estruturas sociais e econômicas existentes naquela parte espanhola da América Latina, submetendo aquela população pré-existente a uma organização próxima do sistema feudal.

Em outros locais o processo de colonização também foi diferente, tal como aquele praticado pelos povos europeus na África e na Índia, em que o ato de colonizar era sinônimo do estabelecimento de feitorias comerciais. Na América, contudo, a situação era diferente e essa prática não bastava, vez que o território era "primitivo, habitado por rala população indígena incapaz de fornecer qualquer coisa de realmente aproveitável".[5]

Ao contrário daquelas realidades equidistantes, assim como a realidade da própria América hispânica, nesta parte portuguesa da América Latina, a ocupação não poderia ocorrer de forma menos profunda, como ocorria nas costumeiras *feitorias*, mediante a alocação de um reduzido pessoal encarregado apenas do negócio, da administração e da defesa. Era preciso povoar e estabelecer bases nesse território primitivo, orientando-o para as atividades produtivas, organizando uma economia, desde logo, em função de necessidades externas.

Esses eram os *valores que mais os atraíam*, conforme mencionamos linhas acima: valores egoísticos. Vislumbrava-se o quanto a colônia poderia ser útil e lucrativa, segundo paradigmas praticados pelo comércio internacional.

Somado a essa peculiaridade da forma de colonização, é preciso observar um traço marcante das colônias latino-americanas em geral, sobretudo a do Brasil, em que a própria metrópole possuía um caráter de dependência econômica com relação a outros países da Europa.

Por outras palavras, essa dúplice característica de império, mas também de colônia dependente desvenda muito da história

---

[4] DOWBOR, Ladislau. *A formação do capitalismo no Brasil*. 2. ed. São Paulo: Brasiliense, 2009, p. 51.
[5] PRADO JÚNIOR, Caio. *História Econômica do Brasil*. São Paulo: Brasiliense, 2006, p. 16.

das nações ibéricas que foram colonizadas por essas metrópoles, especialmente no caso de Portugal, que orientou sua colônia, o Brasil, "[...] segundo as necessidades das economias que dependia, da Holanda e depois sobretudo da Inglaterra, e do seu capitalismo em pleno florescimento".[6]

Impende notar, neste trecho, que o capitalismo, *em pleno florescimento*, a que fazemos referência, ainda não constitui o "capitalismo industrial ou capitalismo propriamente dito",[7] mas um capitalismo mercantil que se desenvolvia. É dizer: um capitalismo na sua forma de acumulação mais primitiva, empregada mediante o uso da violência para apropriação do excedente, seguida do comércio especulativo de longa distância.

A questão está bem posta por Bresser-Pereira, para quem os mercadores estabeleciam um verdadeiro monopólio sobre aquelas mercadorias que eles eram capazes de adquirir em um lugar, pois as vendia em outro, bem distante da origem. Com efeito, o preço de venda era muito mais elevado do que o seu real "valor-trabalho", sendo essa a forma que encontravam, por meio dessa diferença, para se apropriar "privadamente do excedente".[8]

Foi nessa linha de atuação que Portugal orientou as atividades em sua colônia, eis que, "[...] para o capitalismo mercantil em desenvolvimento, a intermediação de um produto que era de luxo contribuiria para a concentração dos rendimentos e para o desenvolvimento da burguesia".[9]

O modelo que se instaura, relacionado aos interesses mercantis da metrópole sobre as riquezas naturais que imediatamente foram encontradas, posiciona o Brasil como um país capitalista desde a semente de seu processo de colonização.

Sobre as características da própria metrópole enquanto país dependente e a consequência – capitalista – que essa situação ofereceria ao Brasil, Bresser-Pereira afirma que

---

[6] DOWBOR, Ladislau. *A formação do capitalismo no Brasil*. 2. ed. São Paulo: Brasiliense, 2009, p. 53.
[7] BRESSER PEREIRA, Luiz Carlos. *Economia Brasileira: uma introdução crítica*. 3. ed. São Paulo: Ed. 34, 1998, p. 35.
[8] BRESSER PEREIRA, Luiz Carlos. *Economia Brasileira: uma introdução crítica*. 3. ed. São Paulo: Ed. 34, 1998, p. 35.
[9] DOWBOR, Ladislau. *A formação do capitalismo no Brasil*. 2. ed. São Paulo: Brasiliense, 2009, p. 54.

O Brasil sempre foi um país capitalista. As teorias que pretendem ver no Brasil colonial e no período imperial a predominância do modo de produção feudal, ou então do modo de produção escravista, são absolutamente insustentáveis. Desde o início da colonização, o Brasil foi tratado como uma empresa comercial.
[...]
Durante todo o período colonial brasileiro, Portugal conservou fortes traços do seu passado feudal. É natural, portanto, que o latifúndio brasileiro também conservasse internamente certas características do feudo: auto-suficiência, poder absoluto do senhor, sistema de agregados, prevalência de uma ideologia aristocrática. Mas o caráter fundamental do latifúndio é capitalista. O objetivo é o lucro através da colocação do açúcar no mercado internacional.[10]
Portanto, essa nossa característica de exploração – violenta e especulativa – se origina com o verdadeiro anseio com que os desbravadores europeus abordam a descoberta da América, qual seja: um interesse puramente mercantil.
Mas a dificuldade de explorar, constituir um sistema produtivo e mercadejar em uma terra habitada por índios, que, por si sós, nada poderiam oferecer de realmente lucrativo, logo se manifestou.

Foi necessário, como toda *empresa* em fase de abertura, que os colonizadores lançassem mão de uma espécie de capital inicial, que, naquele cenário, consistiu em instalar bases no território desconhecido, mediante a alocação de pessoal que pudesse organizar a extração de produtos economicamente interessantes ao comércio internacional.

Nessa feição inicial de exploração que marca a formação da nossa economia, Caio Prado Júnior lembra que o primeiro interesse recai sobre os gêneros naturais oferecidos pela própria natureza de cada um daqueles territórios, afinal, diante do cenário encontrado, não se poderia cogitar de outra solução que não a exploração dos produtos extrativos, espontaneamente disponíveis, tais como as madeiras de construção (o pau-brasil, fundamentalmente), além das peles de animais, pesca e assemelhados.[11]

Nosso território foi, portanto,

[...] a empresa do colono branco que reúne à natureza pródiga em recursos aproveitáveis para a produção de gêneros de grande valor

---

[10] BRESSER PEREIRA, Luiz Carlos. *Economia Brasileira: uma introdução crítica*. 3. ed. São Paulo: Ed. 34, 1998, p. 35.
[11] PRADO JÚNIOR, Caio. *História Econômica do Brasil*. São Paulo: Brasiliense, 2006, p. 16.

comercial, o trabalho recrutado entre raças inferiores que domina: indígenas ou negros africanos importados.
[...]
No seu conjunto, e vista no plano mundial e internacional, a colonização dos trópicos toma o aspecto de uma vasta empresa comercial [...] destinada a explorar os recursos naturais de um território virgem em proveito do comércio europeu.[12]

Esse o verdadeiro sentido da *nossa* colonização, vale dizer: *fomos* constituídos, organizados e articulados em um contexto puramente produtor e mercantil, tudo, frise-se, voltado para o exterior.

Esse, portanto, o germe organizacional da nossa sociedade e economia, compostas, desde sempre, pelo interesse notadamente econômico do branco europeu, que domina, explora, devasta e exporta as riquezas naturais de nossas terras, em detrimento de qualquer interesse interno e, mais ainda, dos habitantes originários (os indígenas), que compõem a classe explorada, recrutados como mão de obra escrava ao lado dos negros importados da África.

Nesses termos, percebemos que o Brasil, muito antes de receber essa *denominação*, já constituía uma grande empresa, cujo *objeto social* outro não era senão a exportação de produtos para o comércio internacional.

E como qualquer organização que visa o lucro – e com certa facilidade o obtém – foi preciso tomar cuidado com a concorrência internacional, sobretudo porque a "colônia era olhada com cobiça por outras potências europeias, em particular a Holanda e a França [...]".[13]

O receio da concorrência internacional iminente resultou na ocupação efetiva *dessas* terras, mediante incentivos consistentes na divisão da costa brasileira em setores lineares e a concessão desses aos colonizadores que para *cá* se mudavam.

Nos ensinamentos de Celso Furtado, esse foi um meio de se financiar a defesa das terras descobertas, cabendo a Portugal a tarefa de encontrar um meio de utilização econômica das terras americanas, com o propósito de "cobrir os gastos de defesa dessas

---

[12] PRADO JÚNIOR, Caio. *História Econômica do Brasil*. São Paulo: Brasiliense, 2006, p. 22-23.
[13] DOWBOR, Ladislau. *A formação do capitalismo no Brasil*. 2. ed. São Paulo: Brasiliense, 2009, p. 53.

terras [...] Das medidas políticas que então foram tomadas resultou o início da exploração agrícola das terras brasileiras".[14]

O sistema consistia na repartição de terras em setores lineares, os quais seriam doados aos europeus interessados no novo empreendimento. A esses setores lineares doados se dava o nome de *capitanias*, sendo que seus donatários gozavam de grandes regalias, tais como nomear autoridades administrativas e juízes, além de cobrar taxas e impostos, afinal de contas, nenhum colono europeu estava disposto a emigrar para os trópicos para atuar como "simples trabalhador assalariado do campo".[15]

Em contrapartida, os donatários dessas capitanias deveriam arcar com as despesas para o transporte e estabelecimento dos povoadores. Isso significa que somente aos donatários dessas capitanias era garantido o patamar de *empresário* – bem-sucedido e de grande porte, é bom frisar – detentor exclusivo e perpétuo da propriedade privada dos bens de produção existentes, que exercia sua condição hegemônica contra todos os outros habitantes, que para ele deveriam trabalhar. Daí se afirmar que o Brasil nasceu desigual.[16]

O objetivo principal dessa empresa colonizadora era a exploração de bens naturais detentores de elevado valor comercial na Europa, tais como o pau-brasil, a cana-de-açúcar, seus derivados e muitos outros, cada qual em sua época e até que fossem extintos em razão da extração eminentemente predatória e gananciosa.

Qualquer que fosse a atividade econômica, é certo que tudo era favorável nesse grande empreendimento, sobretudo por conta do clima propício ao plantio e da mão de obra muito conveniente.

Mais que isso, a conveniência do negócio – e aqui nos referimos à exploração da cana-de-açúcar, especificamente – contava com a própria experiência dos portugueses nessa atividade, cuja técnica "[...] já conheciam por tê-la praticado na Madeira e em São Tomé", em período anterior à baixa dos preços. Mas, com o retorno da subida dos preços, o que ocorreu a partir da segunda década

---

[14] FURTADO, Celso. *Formação econômica do Brasil*. 34. ed. São Paulo: Companhia das Letras, 2007, p. 29.
[15] PRADO JÚNIOR, Caio. *História Econômica do Brasil*. São Paulo: Brasiliense, 2006, p. 34.
[16] BRESSER PEREIRA, Luiz Carlos. *Economia Brasileira: uma introdução crítica*. 3. ed. São Paulo: Ed. 34, 1998, p. 35.

do século XVI, a produção de açúcar se tornou muito oportuna e aderente aos interesses em voga, especialmente porque a colônia oferecia, por si só, toda a estrutura necessária ao desenvolvimento do negócio, assegurada, ainda, a dependência econômica das terras exploradas com relação à metrópole, porque esta comercializava o produto bem longe dali, criando essa condição para que o ciclo da reprodução fosse concluído".[17]

Interessante notar, desde então, a presença do ideário pela manutenção de poder dos dominantes – os colonizadores –, consubstanciado na estratégia de sustentação da dependência do Brasil em relação à metrópole e apropriação do excedente, isto é: comercialização de uma mercadoria por um preço muito superior ao valor-trabalho necessário à sua produção.

> A exploração, grande compromisso entre a Coroa, os comerciantes e a classe proprietária colonial, não era uma exterioridade imposta pela metrópole, mas presença totalizante, a fazer da terra a base de superlucros realizáveis no mercado externo e fonte de perpetuação do poder interno.[18]

No âmbito do capitalismo mercantil, como dantes afirmamos, é estabelecida uma forma muito primitiva – porém eficiente – de acumulação. Primeiro, emprega-se o uso da violência para apropriação daquilo que interessa: nesse caso, a riqueza natural (as terras e o produto que dela se extrai), assim como a mão de obra escrava. Ato contínuo, realiza-se o comércio especulativo de longa distância, conquistando verdadeira exclusividade sobre o fornecimento daquelas mercadorias (o açúcar, sobretudo), possibilitando sua venda por um preço bastante lucrativo.

Ora, se esse ciclo de produção somente poderia se completar no exterior e por meio de um intermediador (a metrópole), é evidente que o Brasil perpetuaria essa situação de dependência, sem grandes chances de internalizar um comércio rentável e significativo, capaz de competir com aquele exercido pela grande empresa da época.

---

[17] DOWBOR, Ladislau. *A formação do capitalismo no Brasil*. 2. ed. São Paulo: Brasiliense, 2009, p. 53.
[18] FERLINI, Vera Lúcia Amaral. *Terra, Trabalho e Poder: O Mundo dos Engenhos no Nordeste Colonial*. São Paulo: Brasiliense, 1988, p. 197.

Por essas razões, pode-se afirmar que o investimento não era pequeno. O empreendimento voltado à exploração da cana era ambicioso, altamente custoso, demandava muita mão de obra e, com isso, não abria espaço aos pequenos produtores:

> A instalação central da produção de açúcar era o "engenho", que compreendia uma estrutura bastante ampla para organizar a plantação da cana de açúcar, para moê-la e para fabricar o açúcar, processo bastante complexo que exigia dezenas de trabalhadores com especializações diferentes.[19]

Caio Prado assevera que a intenção dos desbravadores não era a assunção da posição de camponeses modestos. No novo mundo, o projeto empreendedor era muito mais que isso: todos ansiavam a condição de senhores e latifundiários. E a própria natureza do negócio demandava essa imensidão, desde o desmatamento dos terrenos localizados em ambiente tão selvagem e inóspito, até a plantação, a colheita e o transporte do produto da extração, que exigia uma massa intensa de trabalhadores, atividades que, certamente, não poderiam ser executadas em ambiente diminuto.

> [...] as ambições daqueles pioneiros recrutados a tanto custo, não se contentariam evidentemente com propriedades pequenas; não era a posição de modestos camponeses que aspiravam o novo mundo, mas de grandes senhores e latifundiários.
> [...]
> A cultura da cana somente se prestava, economicamente, a grandes plantações. Já para desbravar convenientemente o terreno (tarefa custosa neste meio tropical e virgem, tão hostil ao homem) tornava-se necessário o esforço reunido de muitos trabalhadores; não era empresa para pequenos proprietários isolados. Isto feito, a plantação, a colheita e o transporte do produto até os engenhos onde se preparava o açúcar, só se tornava rendoso quando realizado em grandes volumes. Nestas condições, o pequeno produtor não podia subsistir.[20]

Essas foram as circunstâncias que definiram a economia por aqui, isto é, pelo domínio das grandes propriedades, que constituíam os grandes, bem-sucedidos e dominantes empreendimentos da época.

---

[19] DOWBOR, Ladislau. *A formação do capitalismo no Brasil*. 2. ed. São Paulo: Brasiliense, 2009, p. 54.
[20] PRADO JÚNIOR, Caio. *História Econômica do Brasil*. São Paulo: Brasiliense, 2006, p. 33.

Nesse ambiente, todas as outras atividades que poderiam ser exploradas eram sempre de pequena monta, exercidas em caráter subsidiário e destinadas ao amparo daquela principal, promovida no âmbito das grandes propriedades.

É o que Caio Prado conceitua como *economia de subsistência*, marcada pelo exercício de *atividades acessórias*. O autor explica que

> Ao contrário da cana-de-açúcar, onde encontramos a exploração em larga escala, neste setor são outras formas e tipos de organização que vamos observar. Eles são aliás variáveis. Encontramos a produção de gêneros de consumo, em primeiro lugar [...]
> O açúcar se encontra numa fase de prosperidade ascendente; os preços são vantajosos, e os esforços se canalizam no máximo para sua produção. Não sobra assim grande margem para atender às necessidades alimentares dos centros urbanos. Por este motivo constituem-se lavouras especializadas, isto é, dedicadas unicamente à produção de gêneros de manutenção.[21]

Observamos que o cenário – marcado por pura necessidade – deu origem à formação de um tipo de atividade econômica diferente e separada do grande e lucrativo negócio, que conta com um sistema organizacional bastante peculiar, conduzido pelo proprietário, que executa as atividades por conta própria, contando com o apoio de poucas pessoas, na maioria, membros de sua própria família e, raramente, conta com a presença de um escravo.

Quando a bibliografia especializada na história econômica do Brasil[22] apresenta os detalhes da diminuta estrutura que amparava o funcionamento daqueles pequenos empreendimentos, é impossível não os comparar, por exemplo, ao microempreendedor individual que, nos dias atuais, tem seu funcionamento disciplinado por lei que o conceitua em razão de seus rendimentos ínfimos e limita o número de seus empregados.[23] Ora, as bases estruturantes são, de fato, bastante próximas.

Mas não nos enganemos, pois, naqueles primeiros séculos de colonização, todo o espaço era reservado para a produção, em

---

[21] PRADO JÚNIOR, Caio. *História Econômica do Brasil*. São Paulo: Brasiliense, 2006, p. 41-42.
[22] Aqui uma alusão ao trio que compõe o referencial teórico do presente trabalho: Caio Prado Júnior, Ladislau Dowbor e Luiz Carlos Bresser Pereira.
[23] BRASIL. *Lei Complementar nº 128*, de 19 de dezembro de 2008.

grande volume, de produtos lucrativos, cada qual em sua época específica, sem ambiente propício aos pequenos. Estes surgiam somente como uma forma de manutenção da subsistência, e o seu caráter – não percamos de vista – era sempre acessório, excepcional e ocasional, afinal de contas, não poderia haver democratização da propriedade de terras em um ambiente marcado pela subordinação, onde escravos não cogitavam essa possibilidade e os libertos enfrentavam grande oposição para tanto.

Somente muito tempo depois (a partir do século XIX), com o crescimento da vinda de imigrantes europeus e asiáticos, somado ao declínio das grandes lavouras e, diante disso, ao atrativo retalhamento das fazendas e sua venda em lotes a um custo acessível aos trabalhadores rurais, a situação econômica favoreceu a expansão da pequena propriedade.

Afirma-se que o estímulo teve base, também, na formação das grandes aglomerações urbanas e industriais, que precisavam ser abastecidas com alimentos, tais como "verduras, frutas, flores, aves e ovos", sendo que a produção desses gêneros, em razão das suas próprias naturezas, não poderia ocorrer no ambiente "monocultural", típico das grandes propriedades. Ao contrário, por ser uma agricultura especializada, trabalhosa e com reduzida margem de lucros, sua produção em larga escala não era possível e, por tudo isso, não era atraente para o "grande proprietário brasileiro", favorecendo, assim, "o estabelecimento e progresso de lavradores mais modestos".[24]

Vê-se, com isso, que, desde o seu aparecimento, os pequenos empreendimentos estiveram vinculados ao atendimento de necessidades específicas de determinado público. É dizer: enquanto a grande propriedade voltava-se à exploração das mais lucrativas e volumosas culturas disponíveis em nossa terra, a pequena tomava para si a responsabilidade de alimentar a população, conduzida por uma grande massa de trabalhadores advindos do regime escravista ou semisservil.

Interessante notar detalhes das famigeradas operações de combate à corrupção, promovidas pelo Ministério Público e Polícia Federal, como é o caso da amplamente difundida "Operação Lava Jato".

---

[24] PRADO JÚNIOR, Caio. *História Econômica do Brasil*. São Paulo: Brasiliense, 2006, p. 251.

Trata-se de operação que recai sobre negócios volumosos, altamente lucrativos e, portanto, atrativos. Não obstante o aspecto, em tese, fraudulento e anticoncorrencial que os reveste, os documentos divulgados pelo site oficial do Ministério Público Federal denunciam exatamente a constatação que aqui alcançamos: trata-se de ambiente dominado pelas grandes empresas construtoras e empreiteiras, instaladas nos ambientes empresariais mais luxuosos, com ganhos em patamares bilionários.[25]

Enquanto os rendimentos das grandes empreiteiras e construtoras atingem a casa dos bilhões, aos pequenos negócios restam os históricos e persistentes ganhos ínfimos, em torno de R$27 mil reais por mês, no caso de empresa de pequeno porte ou microempresa de porte maior (faturamento mais próximo de seu teto legal, conforme será demonstrado nos capítulos que se avizinham) ou, tratando-se dos mais necessitados do segmento (isto é: microempresas com faturamento diminuto ou o microempreendedor individual – o MEI), esse patamar mensal cai para R$9 mil reais por mês.[26]

É dizer: as grandes organizações – ao longo da história e até os dias presentes – exercem suas atividades perante a parcela mais lucrativa do mercado, restando aos pequenos empreendimentos aquilo que é secundário.

Foi esse, portanto, o cenário que originou um segmento hipossuficiente por *essas* terras, caracterizado como subproduto do exercício dominante de uma grande empresa exportadora.

---

[25] Sobre o caso, o Ministério Público Federal descreve em seu site que: "Em um cenário normal, empreiteiras concorreriam entre si, em licitações, para conseguir os contratos da Petrobras, e a estatal contrataria a empresa que aceitasse fazer a obra pelo menor preço. Neste caso, as empreiteiras se cartelizaram em um "clube" para substituir uma concorrência real por uma concorrência aparente. Os preços oferecidos à Petrobras eram calculados e ajustados em reuniões secretas nas quais se definia quem ganharia o contrato e qual seria o preço, inflado em benefício privado e em prejuízo dos cofres da estatal. O cartel tinha até um regulamento, que simulava regras de um campeonato de futebol, para definir como as obras seriam distribuídas. Para disfarçar o crime, o registro escrito da distribuição de obras era feito, por vezes, como se fosse a distribuição de prêmios de um bingo". Ministério Público Federal (Procuradoria-Geral da República). *Dados da Operação Lava Jato*. Brasília, 2017. Disponível em: http://www.mpf.mp.br/pgr/noticias-pgr/mpf-lanca-novo-site-com-dados-da-operacao-lava-jato. Acesso em: 04 nov. 2017.

[26] SERVIÇO BRASILEIRO DE APOIO ÀS MICRO E PEQUENAS EMPRESAS – SEBRAE. *Faturamento Mensal das MPE no Brasil*. Brasília, 2016. Disponível em: https://m.sebrae.com.br/Sebrae/Portal%20Sebrae/Anexos/faturamento-mensal-mpe-abril2016.pdf. Acesso em: 04 nov. 2017, p. 1.

Identifica-se, então, que a concepção dos pequenos empreendimentos no Brasil é marcada por um viés de resistência das classes menos favorecidas, sobretudo porque essa herança hegemônica se perpetua até os dias atuais, conforme trataremos a seguir.

1.2 Empreendedorismo como *necessidade* de iniciativa

A todos deve ser assegurado o direito de se lançar ao mercado em busca do exercício de uma atividade econômica. É no autodirecionamento econômico dos particulares que o mercado encontra o equilíbrio gerado pela concorrência, requerendo, quando necessária, a intervenção do Estado para que sua regularidade não seja ameaçada pelo abuso do poder econômico.[27]

Mas para iniciar uma atividade de sucesso, ou manter-se em plena coexistência com concorrentes de todos os portes, são necessárias algumas qualificações comportamentais, como criatividade, inovação e estratégias mercadológicas de toda ordem.

É possível afirmar que os grandes empreendimentos, na maioria dos casos, têm como titulares pessoas abastadas, bem preparadas, que contam com formação específica e, muitas vezes, até com vocação hereditária – financeira, inclusive – para a gestão de negócios. Os propósitos, nesse nível, mais se relacionam com o reconhecimento perante o mercado, conquista de riqueza, poder e *status* social.

Mas a formação de empresas não está adstrita a esse luxuoso panorama. Existem aquelas que são fundadas com um desígnio certo: garantir a sobrevivência de seus proprietários. São, pois, compostas de egressos do mercado de trabalho, do sistema penitenciário, desempregados ou pessoas que simplesmente sonham ser donas de seu próprio negócio, bem longe do regime de subordinação oferecido pelo emprego com carteira assinada.

---

[27] Essa questão do tratamento favorecido e diferenciado dispensado às pequenas empresas e sua relação com os princípios da livre iniciativa e livre concorrência, será abordada em capítulo específico deste estudo.

Nesse ambiente está inserida a empresa de pequeno porte, que, em razão da hipossuficiência econômica de seus proprietários, conta com estrutura organizacional bem mais modesta.

Não se pode descartar, entretanto, os casos em que os pequenos empreendimentos crescem e se tornam referência de atuação e lucratividade em determinado setor. Mas o cenário, geralmente, não escapa muito da realidade díspar que acabamos de expor.

É esse ambiente de desigualdade social e, mais que isso: desigualdade econômica entre os próprios empreendimentos, que pretendemos explorar neste trabalho.

Antes, porém, de qualquer apontamento sobre as características do comportamento empreendedor do povo brasileiro, é preciso que saibamos que ele encontra-se inserido na própria estrutura política do país, amparado pelo ordenamento jurídico, com apoio em um princípio que se convencionou denominar *livre iniciativa*.

No texto da atual Constituição, a liberdade de iniciativa constou como fundamento da República Federativa do Brasil. A redação ficou assim:

> Art. 1º – A República Federativa do Brasil [...] tem como fundamentos:
> [...]
> IV – os valores sociais do trabalho e da livre iniciativa.

Mais adiante, essa liberdade foi também abordada no *caput* do artigo 170 da Carta da República, dessa vez, como fundamento da ordem econômica, ao lado da valorização do trabalho humano. A intenção é que, por meio desses alicerces, seja assegurada a todos existência digna, pautada nos ditames da justiça social.

A dupla colocação desse princípio na Lei Maior denota, no entendimento de José Afonso da Silva, que "[...] a Constituição consagra uma economia de mercado, de natureza capitalista, pois a iniciativa privada é um princípio básico da ordem capitalista".[28]

Já afirmamos, em outra oportunidade, que a posição desse princípio como fundamento da República Federativa do Brasil e,

---

[28] SILVA, José Afonso da. *Curso de Direito Constitucional Positivo*. São Paulo: Malheiros, 1999, p. 742.

consequentemente, inserida no seio do Estado Democrático de Direito, concomitantemente à sua aparição no âmbito da Ordem Econômica, projeta na livre iniciativa a opção política pela forma de produção capitalista. A partir dela, é autêntico o caminho a ser trilhado pelos agentes econômicos para sobrevivência, "subsistência", manutenção de suas necessidades ou, quiçá, obtenção de sucesso, aumento do lucro, conquista da riqueza, enfim, toda gama de possibilidades é abarcada por esse ideário.[29]

Se o comportamento empreendedor é muito mais do que abrir uma empresa,[30] a livre iniciativa também vai além disso. Sobre a essência do princípio, adverte André Ramos Tavares que a livre iniciativa deve ser compreendida "em seu sentido amplo", porque não se limita à liberdade econômica ou liberdade de desenvolvimento de empresas. Assume, pois, "todas as demais formas de organização econômicas", tanto individuais quanto coletivas, inclusive a cooperativa.[31]

No mesmo sentido, igualmente postulando pela amplitude conceitual do princípio, Eros Roberto Grau ensina que a livre iniciativa não pode ser resumida a "princípio básico do liberalismo econômico" ou apenas à "liberdade de desenvolvimento da empresa". Para o autor, essa liberdade não se coaduna apenas com a liberdade de empresa, abarcando todas as formas de produção, sejam elas individuais ou coletivas.[32]

Apesar dessa abrangência conceitual que, como vimos, ampara todas as atividades econômicas – organizadas ou não, grandes ou pequenas –, o propósito específico desse trecho do estudo é abordar a livre iniciativa como sustentáculo jurídico do empreendedorismo[33]

---

[29] OSÓRIO, Carlos Willians. *A Efetividade das políticas públicas voltadas às pequenas empresas*: leis, medidas de incentivo e contradições. Saarbrücken: Novas Edições Acadêmicas, 2014, p. 21.
[30] Idalberto Chiavenato explica que empreendedor "[...] não é somente um fundador de novas empresas [...] Ele é muito mais do que isso, pois proporciona a energia que move toda a economia, alavanca as mudanças e transformações, produz a dinâmica de novas ideias, cria empregos e impulsiona talentos e competências. Mais ainda: ele é quem fareja, localiza e rapidamente aproveita as oportunidades fortuitas que aparecem ao acaso e sem pré-aviso [...]" (CHIAVENATO, Idalberto. *Empreendedorismo*: dando asas ao espírito empreendedor. São Paulo: Manole, 2012, p. 1).
[31] TAVARES, André Ramos. *Direito Constitucional Econômico*. São Paulo: Método, 2003, p. 247.
[32] GRAU, Eros Roberto. *A Ordem Econômica na Constituição de 1988 (Interpretação e Crítica)*. Malheiros Editores, São Paulo, 2010, p. 204.
[33] Sim, *sustentáculo jurídico*, mas não de fato. É dizer: mesmo que o ordenamento jurídico não

e, a partir dele, o surgimento de empresas (pequenas), sobretudo porque, como lembra Américo Luís Martins da Silva, a liberdade de iniciativa traduz-se na "livre empresa", sobre a qual nossa estrutura econômica projeta maior ênfase.[34]

As palavras do autor não são em vão, porque a empresa privada, na confirmação de Washington Peluso Albino de Souza, constitui um "relevante instrumento de exercício do Poder Privado Econômico", composta a partir do capital dos particulares, que se organizam para o exercício de uma atividade em busca do lucro e, por essa razão, se apresenta "como o elemento fundamental na prática da atividade econômica, segundo a concepção liberal da economia de mercado".[35]

Não olvidemos, também, que o ambiente capitalista, chancelado pela Carta da República Federativa do Brasil de 1988, constitui, por natureza, "uma forma ou método de transformação econômica e não, apenas, reveste caráter estacionário, pois jamais poderia tê-lo". E isso significa que esse sistema de produção tem, em seu núcleo, como instrumento propulsor a rotatividade e inovação de bens de consumo, contando sempre com novos produtos, novos serviços, novas soluções, novas formas de produção e criação, cenário que é protagonizado pela "empresa capitalista".[36]

Seja qual for a via eleita – com ou sem empresa – uma conclusão é certa: é possível projetar, a partir da livre iniciativa, o autodirecionamento econômico dos particulares. É dizer: sua razão existencial reside exatamente em possibilitar a cada cidadão a exploração de uma atividade econômica.

Oferecido, pois – nesse ambiente de opção política pela forma de produção capitalista –, um caminho legítimo no qual podem trilhar os diversos níveis e perfis de agentes econômicos, é preciso, a partir de agora, conhecer o *aspecto subjetivo* que os

---

contemplasse expressamente o princípio em estudo, não restam dúvidas que os agentes econômicos se lançariam a uma atividade para sobreviver. O sustentáculo de fato é a necessidade.

[34] SILVA, Américo Luís Martins da. *A ordem constitucional econômica*. Rio de Janeiro: Lumen Juris, 1996, p. 36.
[35] SOUZA, Washington Peluso Albino de. *Primeiras linhas de Direito Econômico*. São Paulo: LTr, 2005, p. 291.
[36] SCHUMPETER. Joseph A. *Capitalismo, socialismo e democracia*. Traduzido por Ruy Jungmann. Rio de Janeiro: Fundo de Cultura, 1961, p. 110.

impulsiona a iniciar essa jornada. Trata-se do amplamente conhecido "comportamento empreendedor".[37]

Essa abordagem é necessária porque, quando o termo "empreendedorismo" é utilizado, nossos pensamentos – assim como a bibliografia especializada – se voltam a exemplos de sucesso, de pessoas bem-sucedidas e que conquistam riqueza, poder e *status* social por meio da gestão de um negócio.

Um exemplo é a citação do espírito empreendedor de Michael Dell, que, já na Universidade do Texas, vendia peças de computador pelo correio e alcançou o patamar de 80 mil dólares mensais. Relata a bibliografia que, com muitos cifrões em vista, Dell abandonou a universidade para dedicar-se totalmente ao seu negócio e, confiante no próprio sucesso, logo expandiu seu empreendimento e tornou-se um dos maiores fabricantes de computadores pessoais dos Estados Unidos.[38]

Grandes e bem-sucedidos negócios ilustram a bibliografia do empreendedorismo, tais como a Coca-Cola, Google, Amazon e Facebook, restando cristalina a preferência da doutrina na exploração dos casos de sucesso, destacando dos empreendedores as mais sofisticadas características, como visão de futuro, ambição pelo sucesso, necessidade de reconhecimento, capacidade de liderança e da tomada de decisões criteriosas, alto investimento em capital de giro, vocação hereditária e muitas outras.[39]

Mas não são apenas os casos de sucesso que permeiam esse *aspecto subjetivo* da livre iniciativa. Isso porque a maioria

---

[37] Esta terminologia não é, necessariamente, científica, ao contrário do conceito de empreendedor. Expressões como "comportamento empreendedor" ou "perfil empreendedor" são amplamente difundidas no âmbito midiático e, sobretudo, na esfera de atuação de entidades que apóiam o empreendedorismo. Vide, por exemplo, a definição do SEBRAE no sentido de que "Ser empreendedor não é condição exclusiva de empresários ou de quem está à frente dos negócios. Tem a ver com atitudes que determinadas pessoas desenvolvem. Existem comportamentos que representam características empreendedoras" (*Perfil empreendedor*: conheça características importantes para o comportamento empreendedor. Brasília, 2016. Disponível em: https://www.sebrae.com.br/sites/PortalSebrae/artigos/conheca-caracteristicas-importantes-para-o-comportamento-empreendedor. Acesso em: 05 fev. 2017).

[38] CHIAVENATO, Idalberto. *Empreendedorismo*: dando asas ao espírito empreendedor. São Paulo: Manole, 2012, p. 5.

[39] SOUZA, Eda Castro Lucas de (Organizadora). *Empreendedorismo*: competência essencial para pequenas e médias empresas. Brasília: Associação Nacional de Entidades Promotoras de Empreendimentos de Tecnologias Avançadas – ANPROTEC, 2001, p. 29.

das pessoas que se lança no mercado para o desenvolvimento de uma atividade econômica, embora seja verdadeiramente empreendedora, muitas vezes não possui esse perfil sofisticado que acabamos de mencionar.

Um enorme contingente é formado por pessoas que não possuem nenhuma vocação hereditária para a gestão de um negócio próprio, nem mesmo formação ou conhecimentos em administração de empresas, não tem como investir com capital de giro relevante, não almejam reconhecimento, mas apenas precisam sobreviver, quer seja por falta de opção – egressas do mercado de trabalho ou, quiçá, do sistema penitenciário, desempregadas, pessoas que rejeitam o ambiente organizacional e pobres de toda ordem – ou, ainda, pelo sonho de se tornarem empresárias.

Não podemos olvidar que essa vontade de se lançar a uma atividade econômica, bem distante de um ambiente corporativo, com carteira assinada e submissão a um regime hierárquico, pode estar atrelada ao nosso passado escravocrata – marcado por humilhação e violência – que nos forneceu um sentimento de resistência e, em certa medida, desprezo ao trabalho braçal e subordinado, impulsionando as classes pobres a buscarem meios próprios para subsistência.

À nossa herança colonial também podemos atribuir a diferença das classes sociais e, em decorrência dela, a formação de uma economia paralela – diga-se: de estrutura e rendimento rudimentares – voltada à manutenção das necessidades básicas de sobrevivência dos desapossados.[40]

Tratava-se de um comportamento rudimentar, desestruturado, mas, sem dúvida – ainda que inconscientemente –, empreendedor e voltado, em certo grau, à resistência e ruptura de uma ordem econômica favorável somente aos grandes produtores.

Essa *restrição econômica* sofrida por nossos antepassados – presente no cenário contemporâneo – serviu como um instrumento de propulsão para a "destruição criadora" (ruptura de uma ordem econômica desfavorável aos pequenos empreendimentos), especialmente porque ela constitui uma "revolução incessante" e necessária

---

[40] Nos referimos, aqui, à *economia de subsistência*, tratada no item anterior, tendo como referencial teórico, especialmente, a doutrina de Caio Prado Júnior.

ao próprio fluxo capitalista. A partir dela, altera-se a "estrutura econômica a partir de dentro, destruindo incessantemente o antigo e criando elementos novos".[41]

Existem aqueles que postulam que o empreendedor, motivado por sua criatividade, o faz em razão de uma hipotética necessidade de realização ou por uma mera disposição de assumir riscos, acompanhada de autoconfiança. Mas os defensores dessa opinião, todavia, viram as costas para a parcela pobre de empreendedores – e muito significativa, diante de diversas óticas, sobretudo a numérica –, que é composta por pessoas que assumem negócios para se livrar de algum "fator ambiental limitativo ou negativo", inclusive de natureza econômica, resultando

> [...] desse fatídico *legado de exploração uma insistente desigualdade social, extensiva ao âmbito da livre iniciativa*, que bifurca entre poderosos e rentáveis empreendimentos e aqueles bem mais modestos, criados para a garantia da sobrevivência de seus titulares.[42] (Grifo nosso)

É precisamente a partir daí que surge a distinção entre os "microempreendedores" e "macroempreendedores". Os primeiros, ressalta a bibliografia, são caracterizados por possuírem um "nível muito baixo de empreendedorismo" com relação aos segundos. São os empreendedores da pequena empresa, tratados ao longo deste trabalho, e que projetam no seu negócio uma "fonte primária para a renda familiar ou para estabelecer emprego familiar", os quais não habitam os ambientes corporativos (de empresas empregadoras) "porque eles vêem seu próprio emprego como fator chave para sua liberdade individual e ganham autoestima pela operação de suas próprias iniciativas".[43]

Os dados estatísticos oferecidos pelo SEBRAE – o Serviço Brasileiro de Apoio às Micro e Pequenas Empresas – confirmam a

---

[41] SCHUMPETER. Joseph A. *Capitalismo, Socialismo e Democracia*. Traduzido por Ruy Jungmann. Rio de Janeiro: Fundo de Cultura, 1961, p. 110.
[42] CHIAVENATO, Idalberto. *Empreendedorismo*: dando asas ao espírito empreendedor. São Paulo: Manole, 2012, p. 14.
[43] SOUZA, Eda Castro Lucas de (Organizadora). *Empreendedorismo: Competência Essencial para Pequenas e Médias Empresas*. Brasília: Associação Nacional de Entidades Promotoras de Empreendimentos de Tecnologias Avançadas – ANPROTEC, 2001, p. 15.

hipótese levantada de que, no Brasil, a maior parte dos "donos de negócios" possui baixa renda.

Uma pesquisa realizada pela entidade permite identificar os "donos de negócio" conforme seu rendimento mensal, os quais foram divididos em três grandes grupos: (i) os de baixa renda, assim compreendidos aqueles que recebem até dois salários mínimos; (ii) os de média renda, que recebem mais de dois e menos de cinco salários mínimos e, finalmente; (iii) os de alta renda, os quais auferem mais de cinco salários mínimos.

Com apoio em dados do IBGE, o SEBRAE revela que, entre 2003 e 2013, houve crescimento de 10% no número de donos de negócio no país. Nesse mesmo intervalo de tempo, a quantidade de donos de negócio de baixa renda cresceu 11%. O grupo de média renda apresentou expansão de 10% e, no entanto, o número de donos de negócio de alta renda cresceu apenas 3,8%.

Em decorrência, a participação relativa dos que recebem mais que cinco salários mínimos (alta renda) recuou de 17% para 16%; a dos que recebem mais de dois salários mínimos e menos que cinco salários mínimos (média renda) manteve-se constante em 25% do total de donos de negócio; e, por fim, o grupo dos que recebem até dois salários mínimos (baixa renda) passou de 57% para 58% do total.[44]

Significa que os empreendedores de baixa renda representam um percentual bastante elevado, porque o fazem para sobreviver, em razão da necessidade.

Estudos realizados pelo *Global Entrepreneurship Monitor* (o GEM), relativos ao ano de 2016, reconhecem a existência de "empreendedores por necessidade", assim os conceituando em razão de "não possuírem melhores alternativas de emprego, propondo-se criar um negócio que gere rendimentos, visando basicamente a sua subsistência e de seus familiares". E os gráficos constantes desse estudo revelam que essa parcela de empreendedores (motivados pela necessidade) corresponde a nada menos que 42,4% do total de empreendedores do país.[45]

---

[44] SERVIÇO BRASILEIRO DE APOIO ÀS MICRO E PEQUENAS EMPRESAS – SEBRAE. *Os donos de negócio no Brasil:* análise por faixa de renda (2003-2013). Brasília: SEBRAE, 2015. Disponível em: http://www.bibliotecas.sebrae.com.br/chronus/ARQUIVOS_CHRONUS/bds/bds.pdf. Acesso em: 04 nov. 2017, p. 8-9.

[45] Global Entrepreneurship Monitor. *Empreendedorismo no Brasil:* 2016. Simara Maria de Souza Silveira Greco (Coord.) e outros. Curitiba: IBQP, 2017, p. 29-30.

Podemos concluir, diante do que foi exposto, que o empreendedorismo e, como resultado dele, os pequenos empreendimentos que interessam ao nosso tema sempre configuraram, historicamente, como subprodutos da mais pura expressão da pobreza, pautados na necessidade de subsistência dos desapossados. É o que se arrasta até os tempos atuais.

1.3 As pequenas empresas na atualidade brasileira[46]

Se o comportamento empreendedor, como dantes afirmamos, é o *aspecto subjetivo* que impulsiona os agentes econômicos a conferirem concreção ao princípio da livre iniciativa, o que se materializa mediante o exercício de determinada atividade econômica, é certo também que o estrato social a que pertence o empreendedor definirá o porte de seu negócio.

Com efeito, uma pesquisa realizada pelo SEBRAE revela que o número de pequenas empresas no Brasil é muitíssimo superior ao das demais. Isto é: existem quase seis milhões e meio de empresas formalmente constituídas no território nacional, independentemente da atividade ou natureza jurídica. Desse total, as micro e pequenas empresas representam a expressiva cifra de 99% de todas as empresas formais registradas no Brasil, sendo esse, também, o percentual encontrado para o Estado de São Paulo.[47]

Outra pesquisa do SEBRAE demonstra que a participação dos pequenos negócios no PIB representa 27%.[48] É dizer: mais de um quarto do produto interno bruto do Brasil é gerado pelas empresas pequenas.

---

[46] As temáticas deste item foram enfrentadas, com a devida profundidade, por ocasião da publicação da obra intitulada "A Efetividade das Políticas Públicas Voltadas às Pequenas Empresas: Leis, Medidas de Incentivo e Contradições" (OSÓRIO, Carlos Willians. *A efetividade das políticas públicas voltadas às pequenas empresas:* leis, medidas de incentivo e contradições. Saarbrücken: Novas Edições Acadêmicas, 2014), razão pela qual a explanação de cada política de apoio aos pequenos negócios será exposta objetivamente, mas com novas propostas e devidamente atualizada sob os aspectos estatísticos e legislativos, sobretudo para que o leitor possa conhecer as benesses jurídicas que, na atualidade, recaem sobre o segmento das empresas de pequeno porte. Aliás, essa é a proposta deste item.

[47] SERVIÇO BRASILEIRO DE APOIO ÀS MICRO E PEQUENAS EMPRESAS – SEBRAE. *Anuário do trabalho na micro e pequena empresa.* Brasília, 2013, p. 49-53.

[48] SERVIÇO BRASILEIRO DE APOIO ÀS MICRO E PEQUENAS EMPRESAS – SEBRAE. *Participação das micro e pequenas empresas na economia brasileira.* Brasília, 2014. Disponível

A mesma fonte revela que as microempresas e empresas de pequeno porte representam 44% dos empregos formais no setor de serviços e, aproximadamente, 70% dos empregos gerados no comércio.[49]

Esses dados estatísticos revelam não apenas o quão persistente é a nossa herança colonial de desigualdade, mas também a resistência dos descendentes de uma economia de subsistência, que formam um pilar de sustentação da economia contemporânea, tanto pelo número de estabelecimentos, pela desconcentração geográfica e, sem dúvida, pela capacidade de gerar renda às classes menos favorecidas.

Mas a manutenção de uma pequena empresa, por razões que facilmente podemos imaginar, nunca foi simples. E, nesse cenário, oferecer certa segurança jurídica e econômica ao segmento, por meio de tratamento diferenciado e favorecido, significa um importante passo para alcance da existência digna e da justiça social enaltecidas em nossa Constituição.

Nesses termos, a tutela aos pequenos empreendimentos foi tratada em duas oportunidades na Carta Política de 1988. A primeira aparece no Capítulo I – "Dos Princípios Gerais da Atividade Econômica" – que compõe a estrutura basilar do Título VII "Da Ordem Econômica e Financeira".

O segmento mereceu reverência por parte do legislador constituinte ao figurar no rol dos princípios que regem a ordem econômica nacional (inciso IX do artigo 170). Vejamos a sinergia existente entre o *caput* do artigo e seu inciso IX:

> TÍTULO VII
> Da Ordem Econômica e Financeira
> CAPÍTULO I
> DOS PRINCÍPIOS GERAIS DA ATIVIDADE ECONÔMICA
> Art. 170. A ordem econômica, fundada na valorização do trabalho humano e na livre iniciativa, tem por fim assegurar a todos existência

---

em: http://www.sebrae.com.br/Sebrae/Portal%20Sebrae/Estudos%20e%20Pesquisas/Participacao%20das%20micro%20e%20pequenas%20empresas.pdf. Acesso em: 02 abr. 2017, p. 6.

[49] SERVIÇO BRASILEIRO DE APOIO ÀS MICRO E PEQUENAS EMPRESAS – SEBRAE. *Participação das micro e pequenas empresas na economia brasileira*. Brasília, 2014. Disponível em: http://www.sebrae.com.br/Sebrae/Portal%20Sebrae/Estudos%20e%20Pesquisas/Participacao%20das%20micro%20e%20pequenas%20empresas.pdf. Acesso em: 02 abr. 2017, p. 7.

digna, conforme os ditames da justiça social, observados os seguintes princípios:

[...]

IX – tratamento favorecido para as *empresas de pequeno porte* constituídas sob as leis brasileiras e que tenham sua sede e administração no País. (grifo nosso)

Em seguida, no artigo 179 do mesmo capítulo, a pequena empresa mais uma vez é contemplada. Dessa vez, ela é dividida em duas classes de acordo com o incremento evolutivo de seu porte, sendo assim tratada como *microempresa* e *empresa de pequeno porte*.

Art. 179. A União, os Estados, o Distrito Federal e os Municípios dispensarão às microempresas e às empresas de pequeno porte, assim definidas em lei, tratamento jurídico diferenciado, visando a incentivá-las pela simplificação de suas obrigações administrativas, tributárias, previdenciárias e creditícias, ou pela eliminação ou redução destas por meio de lei.

O fundamento nuclear do apoio em sede constitucional é exatamente a falta de recursos que reveste o contingente dos pequenos negócios.

Na esteira desse pensamento, André Ramos Tavares considera que o critério para conceituação dessas pequenas unidades produtivas é "certo e incontestável: o tamanho da receita dessas empresas". Essa solução é a mais coerente e não somente em razão da nomenclatura utilizada, mas sobretudo porque se a Constituição de 1988 pretendeu, a partir do tratamento diferenciado e favorecido a essa parcela do mercado, fomentar o desenvolvimento, "evidentemente que terá tomado em consideração a empresa em seu aspecto econômico". A medida considera, portanto, o tamanho de suas receitas, com espeque no faturamento bruto anual, sem espaço para qualquer outro fator relevante ou legítimo.[50]

As tentativas de se conceituar as pequenas empresas – contidas na bibliografia puramente econômica ou da Administração de Empresas – a partir de outros critérios quantitativos, ou mesmo qualitativos, são totalmente insustentáveis.

---

[50] TAVARES, André Ramos. *Direito Constitucional Econômico*. São Paulo: Método, 2003, p. 223-224.

Existem doutrinadores internacionais que postulam que a empresa pequena pode ser definida como aquela que é dirigida por uma só pessoa,[51] exigência que, no Brasil, somente é cabível, e mesmo assim a título secundário, no âmbito do menos abastado dos empreendimentos de diminuta estatura, isto é: na conceituação do microempreendedor individual (o MEI), como veremos mais adiante no presente trabalho. Não obstante, trata-se de critério "excessivamente generalizante, muito embora saibamos que, até certo ponto, a direção de uma empresa por uma só pessoa constitui uma característica de muitas pequenas empresas".[52]

Outro critério interessante pode ser encontrado nos escritos de Joseph McGuire,[53] aduzindo que uma pequena empresa será assim conceituada sempre que possuir apenas um centro de lucro. Obviamente que se trata de uma constatação bastante lúcida, porque, não raras as vezes, as fontes de que emanam os lucros ínfimos de um empreendimento de pequeno porte também são reduzidas, mas não necessariamente únicas. Aliás, se assim for, a questão do número de "centro de lucro" não passará de uma consequência lógica dos rendimentos reduzidos que a pequena unidade produtiva aufere, da sua estrutura rudimentar e, em razão disso, da sua baixa capacidade de conquistar novos clientes e novos mercados, ampliando suas fontes de renda.

No México, o critério para identificação é o valor do rendimento, aliado ao número de pessoas empregadas, em um cenário jurídico de proteção ao segmento "de las empresas medianas y pequeñas", cujo objetivo é oferecer condições apropriadas, insumos, recursos financeiros e outros serviços para o desenvolvimento de suas operações, integrando-as eficientemente ao mercado interno e de exportação.

---

[51] HIRAN, S. Danis. *What is Small Business:* A Suggested Criterion Illustrated with Data From the Wool Textile Industries, Explannations. Entrepreneurial History. Massachussets: Harvard Research Center, 1955, p.174-179.

[52] LEONE. Nilda Maria de Clodoaldo Pinto Guerra. A dimensão física das pequenas e médias empresas (P.M.E's): à procura de um critério homogeneizador. *Revista de Administração de Empresas*, São Paulo, n. 2, v. 31, abr./jun. 1991. Disponível em: http://www.scielo.br/scielo.php?script=sci_arttext&pid=S0034-75901991000200005. Acesso em: 07 mar. 2017.

[53] McGUIRE, Joseph W. The Small Enterprise in Economics and Organization Theory. *Journal of Contemporany Business*, Seatle, School, v. 5. 1976, 2, p. 115-138. ISSN 0194-0430. Disponível em: https://www.econbiz.de/Record/the-small-enterprise-in-economics-and-organization-theory-mcguire-joseph/10002411423. Acesso em: 07 mar. 2017.

Industria pequeña, es aquella empresa que ocupa hasta cien personas y el valor de sus ventas no rebasa la cantidad de mil millones de pesos al año. [...]
Contrarrestar las desventajas de las empresas medianas y pequeñas, para obtener en condiciones apropiadas, insumos, recursos financieros y otros servicios para el desarrollo de sus operaciones, así como para integrarse eficientemente al mercado interno y al de exportación.[54]

Outros critérios, que mais se relacionam com as consequências de um aparato diminuto e resultante de recursos escassos, são citados pela professora Nilda Leone, no sentido de que a pequena empresa será aquela que possuir: (i) estreita relação pessoal do proprietário com os empregados, clientes e fornecedores; (ii) dificuldade em obter créditos; (iii) falta de poder de barganha nas negociações e; (iv) integração estreita na comunidade local a que pertence.[55]

Perceptível até para o mais desatento dos olhares que esses fatores são, a bem da verdade, consequência direta dos recursos diminutos a que estão sujeitas as pequenas empresas, vez que, a partir de sua modesta estrutura organizacional, o proprietário não poderá contar com uma equipe especializada em gestão de pessoas, departamento de pessoal, compras ou gestão de fornecedores. Portanto, terá de guardar, compulsoriamente, essa proximidade com seus funcionários, clientes e fornecedores. Sua renda será, também, um critério de aferição por parte das instituições bancárias, quanto à sua capacidade de assumir os riscos inerentes a uma operação de crédito, como veremos mais adiante, sendo certo também que, uma vez diminuta sua movimentação de compra, venda e contratações de toda ordem, potencialmente reduzida será sua capacidade de barganha de produtos e serviços frente aos fornecedores do mercado. Por fim, sua proximidade com a comunidade local a que pertence não significa nada além de sua limitação territorial de atuação, também decorrente de sua escassez de recursos. Se assim não fosse (é dizer: se conquistasse lucros consideráveis), poderia

---

[54] ROJAS, Andrés Serra. *Derecho Económico*. México: Porrúa, 2000, p. 364.
[55] LEONE. Nilda Maria de Clodoaldo Pinto Guerra. A dimensão física das pequenas e médias empresas (P.M.E's): à procura de um critério homogeneizador. *Revista de Administração de Empresas*, São Paulo, n. 2, v. 31, abr./jun. 1991. Disponível em: http://www.scielo.br/scielo.php?script=sci_arttext&pid=S0034-75901991000200005. Acesso em: 07 mar. 2017.

investir na ampliação de seus mercados e na variedade de suas atividades econômicas.

Portanto, não se vislumbra outro critério plausível, racional e realístico para identificação e conceituação da empresa de pequeno porte, a não ser a prevalência do viés de conotação econômica, a partir do rendimento auferido por essas unidades produtivas.

Essa constatação encontra legitimidade perante o ordenamento jurídico, a partir das definições trazidas pela própria Carta Democrática de 1988.

Veja-se, a esse respeito, que o Ato das Disposições Constitucionais Transitórias, em seu artigo 47, ao tratar do tema da inexigibilidade de correção monetária às microempresas e às empresas de pequeno porte, em sede de liquidação de débitos decorrentes de empréstimos concedidos por bancos e por instituições financeiras, definiu tais empresas segundo suas receitas anuais, identificadas a partir de certo montante de OTN (Obrigações do Tesouro Nacional), nos termos do inciso I e parágrafo primeiro do mesmo dispositivo.

O que se percebe é que, muito embora o próprio Texto Magno, na dicção de seu artigo 179, tenha conferido ao legislador infraconstitucional a responsabilidade de definir quem são as pequenas empresas ["assim definidas em lei"], o Ato das Disposições Constitucionais Transitórias, desde então, conferiu uma forma de benesse ao segmento, impondo que dele não será exigida a correção para os fins que especifica (dispositivos supramencionados), segundo um critério que julgou pertinente e justo.

Este, portanto, o critério legítimo, consubstanciado em razões fáticas e jurídicas. Não por outra razão, os presentes escritos nele se basearão para o desenvolvimento e formulação do raciocínio, das críticas e das propostas.

Preocupado com a situação da pequena empresa no mercado, frente ao poderio ostentado pelas organizações com maior poder, Ives Gandra da Silva Martins assevera que

> [...] o constituinte pátrio – até por força da legislação infraconstitucional pretérita, insuficiente mas sinalizadora do caminho protecionista – não insensível a tal realidade, em dois artigos de particular relevância, impôs ao legislador complementar e ordinário a necessidade de regras capazes

de viabilizar a existência e o desenvolvimento de empresas de pequeno porte como forma de fortalecer a economia de mercado.[56]

O autor afirma que tratamento favorecido é aquele que é materializado por meio de benesses, tais como a diminuição de encargos, ônus e obrigações, vislumbrando-se um cenário de apoio, auxílio e suporte prestados pelas autoridades, pelo governo, pelo Estado. E somente assim pode ser, porque tais medidas jamais virão das outras empresas privadas, concorrentes no mercado. "Nestes termos, exigiu o constituinte. Nestes termos, deve a legislação se orientar."[57]

Em outra obra, desta vez em parceria com Celso Ribeiro Bastos, Ives Gandra da Silva Martins entende ser "[...] compreensível que se tenha querido dar tratamento favorecido a essas empresas, sobretudo quando se leva em conta que não é justo impor-se-lhes a mesma quantidade de ônus burocrático [...]".[58]

Outros relacionam esse propósito ao desenvolvimento, vislumbrando que o ponto crucial para a inserção das pessoas no âmago desse objetivo fundamental da República Federativa do Brasil é exatamente "[...] contemplar a diversidade de formas de trabalho encontradas na economia informal e nas pequenas empresas".[59]

A tutela demonstra, em tempos atuais, uma preocupação plural e inclusiva – aderente à existência digna e justiça social –, frente à situação de pobreza e desemprego suportada pela maioria da população. Mais: uma preocupação que visa a garantir a coexistência do segmento frente ao poderio econômico dos grandes empreendimentos, a partir a valorização do trabalho humano e da livre iniciativa, articulada, também, com o princípio da livre concorrência.

Desde sempre, conforme revela a história do nosso país, esteve em evidência a vulnerabilidade dessas diminutas unidades produtivas em um cenário onde gravitam ricos e poderosos, vorazes

---

[56] MARTINS, Ives Gandra da Silva. *Direito Constitucional interpretado*. São Paulo: RT, 1992, p. 71.
[57] MARTINS, Ives Gandra da Silva. *Direito Constitucional interpretado*. São Paulo: RT, 1992, p. 77.
[58] BASTOS, Celso Ribeiro e MARTINS, Ives Gandra da Silva. *Comentários à Constituição do Brasil*. São Paulo: Saraiva, 2000, p. 36-37.
[59] SACHS, Ignacy. *Inclusão social pelo trabalho*: desenvolvimento humano, trabalho decente e o futuro dos empreendedores de pequeno porte no Brasil. Rio de Janeiro: Garamond, 2003, p. 19.

por competir e aumentar seus lucros, no ambiente capitalista sempre chancelado desde a época colonial e, agora, pelo próprio ordenamento jurídico vigente.

A índole do presente trabalho não se propõe a criticar o sistema capitalista, mesmo porque seria necessária uma tese inteira para fazê-lo e, ainda sim, seria, possivelmente, fadada ao insucesso realístico, com repercussão, no máximo, no campo teórico. Isso porque o capitalismo não é somente uma realidade, como reina e prevalece em todo o mundo, sobretudo naqueles países que, por ora projetamos nosso existencialismo cultural, por outra, tomamos como exemplo de desenvolvimento. É preciso, contudo, que o capitalismo esbarre nas peias do Estado Social de Direito, como meio assecuratório de sua própria manutenção – que, como dissemos alhures, requer universo plural e competitivo de agentes no mercado – como também para assegurar a coexistência de todos os estratos sociais, garantindo concreção aos princípios consagrados pela Lei Maior do nosso país. Sobre esse tema, trataremos com a devida profundidade em item específico do presente estudo, intitulado "Coexistência Mercadológica e os Princípios de Regência".

Resta necessário, a essa altura do desenvolvimento das ideias, esclarecer que toda essa estrutura de apoio às pequenas empresas repercute efeitos no âmbito infraconstitucional, propagando mecanismos jurídicos sobre o ordenamento, tornando imprescindíveis as políticas públicas que redundem em favor do segmento, afinal de contas, normas jurídicas, por elas mesmas, não são capazes de resolver problemas profundos do Brasil, em destaque a desigualdade social.

> De fato, não se trata de afirmar que as normas jurídicas por si só tenham a capacidade de resolver desigualdades tão arraigadas em nossa história [...] mas sim de que a estrutura normativa constitui importante fator de redução de desigualdades, ao apontar os objetivos que deverão ser perseguidos, quais os instrumentos a serem utilizados, e qual a forma de sua utilização, dentro do que deseja a sociedade através da atuação do Estado e de seu governo.[60]

---

[60] SMANIO, Gianpaolo Poggio; BERTOLIN, Patrícia Tuma Martins; BRASIL, Patrícia Cristina (Org.). *O direito na fronteira das políticas públicas*. São Paulo: Páginas & Letras, 2015, p. 4.

A exposição, até aqui, demonstra que o artigo 179 da Carta Magna remete à lei a definição de microempresa e de empresa de pequeno porte. Não por outra razão, ao cumprir esse importante mister, deverá o legislador guardar total consonância com o mandamento Maior.

Há, assim, o cristalino propósito de beneficiar aquelas empresas que se condigam no conceito de micro ou pequeno porte. E esse critério, é sempre necessário lembrar, tem conotação econômica, a partir do rendimento auferido pelos pequenos negócios.

Recordemos, nesse trecho, a influência da historicidade que marcou o surgimento dos empreendimentos de pequeno porte no Brasil. É dizer: um segmento sempre marcado pela hipossuficiência de recursos, fundamentalmente.

O conceito de microempresa e de empresa de pequeno porte ficou a cargo da lei ordinária ou complementar. Atualmente, os termos são conceituados pela Lei Complementar nº 123/2006 (art. 3º, inc. I e II), que instituiu o Estatuto Nacional da Microempresa e da Empresa de Pequeno Porte.

Para o caso de microempresa, a receita bruta deve ser igual ou inferior, em cada ano-calendário, a R$360.000,00 (trezentos e sessenta mil reais). A partir desse patamar e, igual ou inferior a R$4.800.000,00 (quatro milhões e oitocentos mil reais), a empresa será considerada de pequeno porte.

O artigo 18-A do Estatuto Nacional da Microempresa e da Empresa de Pequeno Porte disciplinou, ainda, a figura do microempreendedor individual, amplamente conhecido pela sigla "MEI". Nos termos do parágrafo primeiro do mencionado dispositivo,

> [...] considera-se MEI o empresário individual que se enquadre na definição do art. 966 da Lei nº 10.406, de 10 de janeiro de 2002 – Código Civil, ou o empreendedor que exerça as atividades de industrialização, comercialização e prestação de serviços no âmbito rural, que tenha auferido receita bruta, no ano-calendário anterior, de até R$81.000,00 (oitenta e um mil reais) [...]

Como se percebe, sua conceituação legal também está vinculada ao patamar de seus rendimentos – isto é: sua receita bruta anual – da mesma forma que ocorre com a microempresa e a empresa de pequeno porte.

De se observar, contudo, que, embora o parágrafo terceiro do artigo 18-E da Lei Complementar nº 123/2006 esclareça que o MEI é uma modalidade de microempresa, é certo que, no âmbito dos pequenos empreendimentos, ele é o menos abastado de todos, identificado a partir de seus rendimentos, que não ultrapassam R$81.000,00 (oitenta e um mil reais) por ano, sendo possível utilizar, como sede do empreendimento, a residência de seu titular (art. 18-A, §25 da referida lei).

Foi preciso reconhecer, por meio do ordenamento jurídico, esse contingente de pessoas que exercem atividades econômicas de baixa rentabilidade, tais como as costureiras, cabeleireiros, borracheiros, eletricistas, pintores, carpinteiros e muitos outros. Daí a afirmativa legal (artigo 18-E, *caput*, da mencionada lei), no sentido de que "o instituto do MEI constitui uma política pública que tem por objetivo a formalização de pequenos empreendimentos e a inclusão social e previdenciária".

Impende registrar que, embora o título deste estudo se refira às pequenas empresas, obviamente que ele abarca também as microempresas – e, ainda mais, o MEI –, sobretudo porque, se a renda do segmento é o fator determinante para auferir as benesses constitucionais, não haveria razão para excluir da apreciação estas últimas, as quais, do ponto de vista do critério constitucional (diga-se: o rendimento), seriam as primeiras a necessitar do referido tratamento diferenciado.

O cenário infraconstitucional é, portanto, regido pela Lei Complementar nº 123/2006, que sofreu alterações significativas por parte das Leis Complementares nºs 127/2007, 128/2008, 133/2009, 139/2011, 147/2014 e 155/2016.

Esse atual diploma pode ser considerado um importante avanço em favor dos empreendimentos de diminuta estatura.

Por meio dessa lei foram centralizados diversos assuntos de interesse dos pequenos negócios, especialmente no que se refere ao regime especial unificado de arrecadação de tributos e contribuições – o *Simples Nacional* –, a simplificação das obrigações trabalhistas e previdenciárias, além do estabelecimento de políticas para acesso ao crédito e aos mercados.

Cada dispositivo da lei complementar guarda consonância com os preceitos da Constituição Federal, no sentido de dispensar tratamento diferenciado para simplificar as obrigações administrativas, tributárias, previdenciárias e creditícias do segmento.

É certo que cada uma dessas vertentes – tanto constitucionais, quanto infraconstitucionais – tem em seu núcleo a tentativa de equalizar as forças dos agentes econômicos no mercado, isto é: busca-se o equilíbrio entre pequenos e grandes empreendimentos.

Para os fins que pretendemos alcançar neste trabalho e por tudo o que foi até aqui estudado, sobretudo com relação à origem hipossuficiente das empresas de pequeno porte, interessa ressaltar que as mais significativas benesses que recaem sobre o segmento são, fundamentalmente, o estímulo ao crédito, a sistemática unificada de arrecadação de impostos e contribuições e, também, as políticas de acesso aos mercados. Sintetizaremos, pois, os principais debates que envolvem cada um desses temas nos subitens que se avizinham.

1.3.1 O financiamento das pequenas empresas no Brasil

Refletir sobre a pequena empresa no Brasil significa pensar em um segmento com poucos recursos. E essa escassez aflige o empreendedor em todos os momentos, seja na hora de constituir seu negócio, seja para mantê-lo em atividade, quitando dívidas, honrando suas despesas triviais, para investir em equipamentos, mão de obra e tudo mais que interessa a uma atividade empresarial.

Por isso é que, nesse escopo, torna-se interessante mencionar a existência de políticas de estímulo ao crédito, sobretudo porque o referido instituto destina-se ao suprimento das necessidades por meio de capitais, servindo, ainda, como estímulo à própria livre iniciativa.

Portanto, é acertada a análise desse tema, enquanto política pública voltada a uma parcela do mercado historicamente conhecida por ser desprovida de recursos.

E essa convicção alcança total robustez quando levamos em consideração a opção ideológica constitucionalmente adotada, de viés nitidamente capitalista, voltada

[...] em torno da *liberdade de ação econômica* e do *direito* de *propriedade das relações entre trabalho e capital*, com as consequências estruturais projetadas na produção, na *circulação* e na *repartição* da riqueza criada [...].[61]

Se a historicidade dos pequenos empreendimentos constitui parte fundamental do presente estudo, não custa registrar uma passagem da obra de Eloy Câmara Ventura, segundo o qual o instituto do empréstimo era corriqueiro entre os romanos que, por meio de seus banqueiros, intitulados "banqueiros argenti", transferiam as quantias envolvidas na presença de cinco testemunhas, cabendo ao devedor devolver idêntico numerário, com o acréscimo dos juros impostos, sob pena de sofrer execução.[62]

Citando a obra de H. D. Macleod (*The Theory of Credit*), Eloy Câmara Ventura aduz que os romanos desenvolveram um sistema, através da legislação de Justiniano, que ofereceu as bases que fundamentam os institutos de crédito nos dias atuais. Os exemplos mostram que "os romanos praticaram o crédito em suas mais modernas formas, e instituíram o costume de usar do crédito para suprir-se de capitais quando necessitavam deste".[63]

Relacionado ao suprimento das necessidades de capitais, o crédito no Brasil foi alçado ao âmbito constitucional, alinhado ao contexto de toda a ordem econômica, guardando estrita relação com a própria livre iniciativa

> No Brasil, o crédito é de suma importância para o crescimento do país, o que fez com que o legislador introduzisse na Constituição Federal um capítulo apropriado.
> [...] mas a preocupação do legislador nos artigos que tratam da ordem econômica é relativa a uma *política de crédito macro voltada à livre iniciativa* [...].[64] (Destacamos)

No contexto do tratamento diferenciado a que são merecedoras as pequenas empresas, ressalte-se o conteúdo do Capítulo IX da Lei

---

[61] ALBINO DE SOUZA, Washington Peluso. *Teoria da Constituição Econômica*. Belo Horizonte: Del Rey, 2002, p. 79.
[62] VENTURA, Eloy Câmara. *A evolução do crédito da antiguidade aos dias atuais*. Curitiba: Juruá, 2008, p. 13-14.
[63] VENTURA, Eloy Câmara. *A Evolução do crédito da antiguidade aos dias atuais*. Curitiba: Juruá, 2008, p. 13-14.
[64] VENTURA, Eloy Câmara. *A Evolução do crédito da antiguidade aos dias atuais*. Curitiba: Juruá, 2008, p. 64.

Complementar nº 123/2006, que estabelece uma série de ações de estímulo ao crédito e à capitalização.

Para alcance do enunciado (art. 57 e seguintes): (a) o Poder Executivo proporá, sempre que necessário, medidas que estimulem o acesso ao crédito pelas MPEs; (b) os bancos comerciais públicos e a Caixa Econômica Federal manterão linhas de crédito específicas para as MPEs; (c) as instituições referidas no item anterior devem se articular com as entidades representativas das micro e pequenas empresas, no sentido de proporcionar e desenvolver programas de treinamento gerencial e tecnológico; (d) para fins de apoio creditício às operações de comércio exterior do segmento, serão utilizados os parâmetros adotados pelo MERCOSUL, e; (e) destinação de recursos financeiros do Fundo de Amparo ao Trabalhador (FAT) para cooperativas de crédito de empreendedores de micro e pequenas empresas.

O anseio da Lei Complementar nº 123/06 é o de dar concreção ao mandamento constitucional de incentivar as pequenas empresas pela simplificação de suas obrigações creditícias e, talvez, reduzindo-as ou eliminando-as (art. 179).

Com isso, muitas linhas de crédito são oferecidas ao segmento. O problema é que as garantias para o acesso à linha de crédito exigem, comumente, que os sócios da empresa sejam avalistas ou prestem fiança, comprovação de certa faixa de faturamento anual, hipoteca de imóveis, penhor de bens, além de muitas outras garantias capazes de avaliar o risco no negócio creditício.

É certo que esse mercado de empréstimos, atento a mais essa hipossuficiência das pequenas empresas em prestar garantias, oferece inúmeras modalidades de fundos garantidores que, para facilitar o acesso ao crédito, complementam a garantia exigida pelas instituições financeiras.

Não há dúvidas de que existe uma preocupação em apoiar o segmento mais frágil do mercado, por meio de instrumentos que, por exemplo, possam complementar as garantias exigidas pelas instituições financeiras. Contudo, é interessante notar que se trata de garantias sobre garantias, que, na prática, em nada desoneram as obrigações do empresário da pequena empresa.

As políticas de acesso ao crédito não conseguem se desprender de um problema que é intrínseco ao assunto, vale dizer: a base do crédito está intimamente relacionada à confiança, ao liame subjetivo que se estabelece por meio da formação de um juízo de convicção favorável entre as partes contraentes, isto é, pela garantia que o devedor (empresário de micro ou pequena empresa) possa oferecer para o resgate do empréstimo. Não há, nesse mercado creditício, "generosidade ou magnanimidade". Tudo redunda na base da segurança do negócio, pois "ninguém que possua capital, consente em privar-se dele senão com a garantia da sua restituição na época determinada".[65]

E outra observação ainda se faz pertinente quando o que está em pauta é o crédito à empresa, vez que

> [...] tratando-se de pessoa jurídica, é conveniente a análise patrimonial da empresa, acompanhada de informes de seu relacionamento bancário, comercial e patrimônio dos Membros que a dirigem, isto é, um conjunto de dados econômicos que podem ser valorizados em unidades monetárias.[66]

Esse contexto oferece um parâmetro das dificuldades que são enfrentadas por uma pequena empresa para acesso ao crédito, porque, uma vez diminuta sua estrutura, escassos serão, quase sempre, seus recursos garantidores, fatores decisivos para a concessão ou restrição ao crédito.

Frente a todas essas dificuldades, tanto a Carta Democrática de 1988, quanto o Estatuto da Pequena Empresa – Lei Complementar nº 123/2006 – unem esforços para criar um ambiente favorável aos empreendimentos de diminuta estatura, sobretudo para que tais agentes econômicos sejam competitivos e não sucumbam no mercado, onde gravitam empresas de maior porte, todas vorazes por aumentar seus lucros. A intenção é das melhores, concebida a partir de políticas públicas específicas. Contudo, é de se considerar que a efetividade de um complexo de normas cogentes depende do apoio de instituições especializadas.

A partir dessa constatação, para dar concreção às políticas públicas no plano prático, o Poder Executivo brasileiro criou,

---

[65] VENTURA, Eloy Câmara. *A evolução do crédito da antiguidade aos dias atuais*. Curitiba: Juruá, 2008, p. 66.
[66] VENTURA, Eloy Câmara. *A evolução do crédito da antiguidade aos dias atuais*. Curitiba: Juruá, 2008, p. 69.

por meio da Lei nº 8.029, de 12 de abril de 1990, o Serviço Brasileiro de Apoio às Micro e Pequenas Empresas – o SEBRAE –, desvinculando o antigo Centro Brasileiro de Apoio à Pequena e Média Empresa (CEBRAE) da Administração Pública Federal, transformando-o, a partir da referida norma, em serviço social autônomo (art. 8º).

Compete ao serviço social autônomo em referência – ao SEBRAE – "planejar, coordenar e orientar programas técnicos, projetos e atividades de apoio às micro e pequenas empresas, em conformidade com as políticas nacionais de desenvolvimento" (art. 9º da Lei nº 8.029/90), podendo, para tanto, "ser criados serviços de apoio às micro e pequenas empresas nos Estados e no Distrito Federal" (art. 9º, parágrafo único).

A partir dessa autorização legal, o SEBRAE, enquanto serviço social autônomo, se estabeleceu na forma de entidade associativa de direito privado, sem fins lucrativos (Estatuto Social do SEBRAE Nacional, art. 1º), com sede e foro no Distrito Federal (art. 2º), mas com "atuação em todo o território nacional, mediante ação direta ou através de unidades operacionais sistematicamente vinculadas, localizadas nos Estados da Federação" (art. 4º), sendo organizado sob a forma de sistema, o qual é composto por uma unidade nacional coordenadora e por unidades operacionais vinculadas, localizadas em cada um dos Estados da Federação (art. 6º).[67]

O objetivo desse serviço social autônomo, nos termos de seu Estatuto Social (art. 5º) é, fundamentalmente, fomentar o desenvolvimento sustentável, a competitividade e o aperfeiçoamento técnico das pequenas empresas, notadamente nos campos da economia, administração, finanças e legislação, além de promover a facilitação ao crédito e o fortalecimento dos mercados, tudo em consonância com as políticas nacionais de desenvolvimento.

Pode-se dizer que, particularmente para a questão do financiamento das pequenas empresas brasileiras, é muito relevante contar com um ator social criado especialmente para a consecução de ações dessa natureza.

---

[67] SERVIÇO BRASILEIRO DE APOIO ÀS MICRO E PEQUENAS EMPRESAS – SEBRAE. *Estatuto Social SEBRAE.* Brasília, 2009. Disponível em: https://m.sebrae.com.br/Sebrae/Portal%20Sebrae/Anexos/Estatuto%20Social%20Sebrae.pdf. Acesso em 04 nov. 2017.

Em consonância com o que dispõe a Constituição Federal, a Lei Complementar nº 123/2006 e seu Estatuto Social, o SEBRAE no Estado de São Paulo, em parceria com o Governo do Estado e com a Desenvolve São Paulo, instituiu o Programa de Crédito ao Microempreendedor Individual, intitulado "PROMEI Juro Zero".

A iniciativa tem como propósito financiar projetos da classe mais baixa dos pequenos empreendimentos – segundo o critério dos rendimentos – que é protagonizada pelo MEI (microempreendedor individual), com destinação aos investimentos fixos e, também, ao capital de giro, sem incidência de juros.

Seguramente, em se tratando de acesso facilitado e sem juros ao crédito, é possível afirmar que a medida tem amparo fático e aproxima a lei da realidade dos pequenos empreendimentos. É que, pela essência do instituto, que visa suprir as necessidades de capital, tanto para investir naquilo que já existe ou para iniciar um novo negócio, o interesse por esse tipo de política recai sobre parcela substancial das empresas de pequeno porte.

Nos termos de pesquisa realizada pelo SEBRAE, em parceria com o Banco Central, foi indicado, para o período entre janeiro e agosto de 2016, que: (i) a proporção de pequenas empresas com operações de crédito ativas passou de 29% para 39%; (ii) o valor médio das operações passou de R$71 mil para R$72 mil (uma elevação de 1,4%); (iii) a taxa de inadimplência passou de 3,1% para 8,0%; e (iv) a média de juros paga pelas pequenas empresas passou de 32% para 43% ao ano.[68]

Esses dados ganham força quando nos recordamos que a opção ideológica constitucional possui viés nitidamente capitalista, homenageando o direito de propriedade nas relações entre capital e trabalho, gerando consequências estruturais projetadas na produção, circulação e repartição da riqueza produzida.[69]

Nesse passo, a questão do capital de giro está relacionada ao financiamento das operações da pequena empresa, especialmente

---

[68] SERVIÇO DE APOIO ÀS MICRO E PEQUENAS EMPRESAS DO ESTADO DE SÃO PAULO – SEBRAE-SP. *Indicadores de crédito das micro e pequenas empresas (MPE) no Brasil*. Brasília: SEBRAE, 2016, p. 5-10.
[69] SOUZA, Washington Peluso Albino de. *Teoria da Constituição Econômica*. Belo Horizonte: Del Rey, 2002, p. 79.

para que seus compromissos sejam honrados dentro dos prazos de vencimento. São recursos para financiamento das vendas a prazo, manutenção de estoques, pagamento dos fornecedores de matéria-prima ou mercadorias de revenda, além do pagamento de impostos, salários e outras despesas operacionais.[70]

Interessante notar, sob esse aspecto, que a manutenção do pequeno empreendimento e a sua luta para resistir às condições desfavoráveis é a mais expressiva, porquanto a pesquisa realizada pelo SEBRAE, em parceria com o Banco Central, revela que mais da metade de todas as operações de crédito contraídas pelas pequenas empresas no período entre janeiro e agosto de 2016 foi destinada a capital de giro (51%). Desse volume pesquisado, apenas 10% das operações foram destinados a investimentos, que são recursos destinados à aquisição de maquinário, equipamentos, veículos, financiamento de projetos, arrendamento financeiro e tudo mais que possa ampliar o volume, a qualidade e o sucesso do empreendimento.[71]

Essa constatação revela que os pequenos negócios têm mais necessidade de recursos para manter sua atividade econômica em funcionamento (pagar as dívidas triviais, adquirindo capital de giro) do que para ampliar a estrutura ou o tamanho da empresa (que se pratica com o investimento), o que significa um obstáculo ao crescimento evolutivo desses empreendimentos, inclusive no tocante ao aumento da produtividade, inovação e tecnologia.

Com isso, se a razão existencial do crédito – presente desde os primórdios de seu surgimento – reside no suprimento das necessidades por meio de capitais, servindo ainda, no mundo contemporâneo, como estímulo à própria livre iniciativa, é bastante apropriado reunir esforços para a adoção de políticas públicas dessa natureza, especialmente destinadas a uma parcela do mercado amplamente conhecida por ser, na maioria dos casos, desprovida de recursos.

---

[70] SERVIÇO BRASILEIRO DE APOIO ÀS MICRO E PEQUENAS EMPRESAS – SEBRAE. *O que é e como funciona o capital de giro*. Brasília, 2016. Disponível em: https://www.sebrae.com.br/sites/PortalSebrae/artigos/o-que-e-e-como-funciona-o-capital-de-giro,a4c8e8da69133410VgnVCM1000003b74010aRCRD. Acesso em 4 jul. 2017.

[71] SERVIÇO DE APOIO ÀS MICRO E PEQUENAS EMPRESAS DO ESTADO DE SÃO PAULO – SEBRAE-SP. *Indicadores de crédito das micro e pequenas empresas (MPE) no Brasil*. Brasília: SEBRAE, 2016, p. 12 e 23.

1.3.2 Sistema unificado de arrecadação de impostos e contribuições

A regra contida no artigo 179 da Constituição Federal oferece a concreção ao seu princípio instituidor (art. 170, IX), dispondo que o tratamento jurídico diferenciado às pequenas empresas também recai sobre a simplificação de suas obrigações tributárias.

Em 2003, por meio da Emenda Constitucional nº 42, houve alteração de dispositivos do sistema tributário nacional, incrementando substancialmente o artigo 146, no sentido de se estabelecerem, por meio de lei complementar, normas gerais em matéria tributária para as pequenas empresas.

Com efeito, o dispositivo originário (art. 146), passou a contar com a definição de tratamento diferenciado e favorecido para as empresas de pequeno porte, no tocante a regimes especiais ou simplificados de impostos e contribuições (inc. III, "d") e com a possibilidade de a lei complementar estabelecer critérios especiais de tributação, "com o objetivo de prevenir desequilíbrios da concorrência" (art. 146-A).

As regras dos artigos 146, inciso III, alínea "d", e 146-A estão, portanto, em plena sintonia com o princípio constitucional que prevê tratamento favorecido à pequena empresa, previstos pelos artigos 170, inciso IX, combinado com o artigo 179, todos da Constituição da República Federativa do Brasil.

No plano infraconstitucional, a Lei Complementar nº 123, de 14 de dezembro de 2006, em seu Capítulo IV (artigos 12 ao 41), se encarregou de instituir e disciplinar o "Regime Especial Unificado de Arrecadação de Tributos e Contribuições devidos pelas Microempresas e Empresas de Pequeno Porte – Simples Nacional" (art. 12), esclarecendo que sua metodologia "implica o recolhimento mensal, mediante documento único de arrecadação" dos impostos e contribuições que menciona (art. 13).

A sistemática de arrecadação unificada de tributos e contribuições apresenta relevo substancial, porque irradia, para o cotidiano dos pequenos empreendimentos, o anseio constitucional de conferir-lhes tratamento diferenciado, visando a incentivá-los pela simplificação de suas obrigações tributárias, eliminando-as ou reduzindo-as por meio de lei.

Trata-se de instituto que assegura economia de tempo e de recursos, eis que possibilita a forma simplificada – unificada – de arrecadação de tributos e contribuições. É o denominado *Simples Nacional*.

[...] não se trata de "imposto único", como às vezes escrevem e dizem os menos avisados, mas da unificação do pagamento de diversos impostos e contribuições em um único documento de arrecadação [...][72]

A medida desonera os custos e as atividades administrativas dos pequenos empreendimentos, especialmente porque o cálculo e o recolhimento de tributos desdobram-se em tarefas árduas e complexas para um tipo de empresário que, não raro, trabalha sozinho ou com uma equipe reduzida de empregados, cuja variedade de guias a serem preenchidas e recolhidas é extensa e demanda custo no treinamento ou contratação de pessoal qualificado para realizar os cálculos pertinentes. Resulta, daí, que as empresas deslocam o foco do investimento, "que poderia ser aplicado na produção ou na melhoria das condições gerais do negócio".[73]

O valor unificado dos tributos devidos mensalmente pelas empresas de pequeno porte inscritas no *Simples Nacional* é determinado mediante a aplicação de percentuais – todos relacionados em anexos específicos da Lei Complementar nº 123/2006 –, que variam conforme a respectiva faixa de receita bruta auferida.

Mas há um efeito colateral importante a ser considerado nessa sistemática unificada de arrecadação. Os artigos 28 a 32 da Lei Complementar nº 123/2006 detalham as hipóteses de exclusão das micro e pequenas empresas do Simples Nacional. Por eles, as MPEs são enquadradas, reenquadradas ou desenquadradas de acordo com o seu faturamento.

Dependendo da causa de exclusão, a MPE deverá recolher tributos seguindo parâmetros ortodoxos, definidos em outros

---

[72] FABRETTI, Laudio Camargo. *Simples Nacional: Estatuto Nacional das Microempresas – ME e das Empresas de Pequeno Porte – EPP: Regime Tributário Simplificado, Lei Complementar nº 123, de 14 de dezembro de 2006, Lei Complementar nº 124, de 14 de agosto de 2007*. São Paulo: Atlas, 2007, p. 4.

[73] ALMEIDA, Amador Paes de. *Comentários ao Estatuto da Microempresa e da Empresa de Pequeno Porte*. São Paulo: Saraiva, 2009, p. 37.

regimes tributários menos vantajosos, essencialmente o lucro presumido ou lucro real.

Compreendemos quais são as vantagens de se aderir a um sistema simplificado de recolhimento de impostos – fundamentalmente em termos de economicidade e desoneração burocrática mensal –, fatos que podem tornar a permanência nesse regime bastante sedutora e cômoda, propiciando uma situação confortável e estática, mesmo para aquelas empresas que, pelo sucesso de seu faturamento, estariam obrigadas a abandonar o *Simples Nacional*.

Esse cenário serve como um desincentivo para que as empresas faturem mais (ou pelos menos declarem que o fizeram), cresçam e assumam condições empresariais de médio ou grande porte, pois, se assim for, perderão as benesses típicas das empresas menores.

Trata-se de uma situação que colide frontalmente com um dos objetivos fundamentais da República Federativa do Brasil, consistente na garantia do desenvolvimento nacional (art. 3º, inc. II da Constituição Federal). Isso porque esse objetivo constitucional converge, entre outros sentidos, para que os agentes econômicos aumentem seus lucros, gerem riqueza, cresçam, amparem mais mão de obra e aqueçam, cada vez mais, a economia do país.

Não há qualquer valor, princípio, objetivo, política ou dispositivo – pelo menos não formalmente consignado[74] – para que essas unidades produtivas fiquem estagnadas na condição de pequena empresa, de hipossuficiente, carecedora de ajuda, tratamento diferenciado etc. Ao contrário, todo o aparato existente é voltado ao seu desenvolvimento.

Apesar disso, a trajetória da pequena empresa – construída a partir de relevantes disposições constitucionais e colocada em prática por meio da Lei Complementar nº 123/2006 – não conta com um mecanismo apropriado para estabelecer um plano evolutivo, por meio do qual os empreendimentos em desenvolvimento, ao

---

[74] Esta observação é oportuna, pois, embora não haja uma intenção positivada no ordenamento jurídico para a acomodação estática da pequena empresa em patamares de faturamento modestos, é de se registrar que seu progresso técnico e econômico pode não interessar aos agentes de mercado de maior porte. As razões para isto são múltiplas e vão desde o propósito de mitigar a livre concorrência, até a hipótese de domínio dos mercados, da política e da manutenção do poder econômico.

terem seus faturamentos elevados para além dos patamares do Simples Nacional, possam ser amparados com incentivos tributários adequados a essa fase de progresso.

Essa constatação desencadeia um fenômeno dissonante da pretensão constitucional de apoio aos pequenos negócios, qual seja, as empresas em desenvolvimento, que veem seus faturamentos sendo elevados, criarão múltiplos mecanismos evasivos para não serem desenquadradas do regime único de arrecadação, o que significa afirmar que o apoio ao polo mais fraco da relação de mercado pode estar sendo desvirtuado pela própria limitação da lei.

Na tentativa de reduzir a incidência das possíveis práticas evasivas, as alterações promovidas pela Lei Complementar nº 155/2016 ao texto do artigo 3º, inciso II, da Lei Complementar nº 123/2006, elevaram os valores de faturamento das pequenas empresas – último porte da categoria dos pequenos negócios amparado pelo SIMPLES Nacional – passando o teto de R$3.600.000,00 (três milhões e seiscentos mil reais) para R$4.800.000,00 (quatro milhões e oitocentos mil reais).

Obviamente que a elevação dos níveis de enquadramento ao Simples Nacional não soluciona o problema, mas apenas o transfere para as empresas que estão em um patamar maior de ganhos. É dizer: a empresa vai demorar mais para atingir tais níveis de faturamento e, com isso, progredir de micro para pequena, de pequena para média e assim por diante. Mas quando atingir aqueles níveis, vai incorrer em idêntico problema: vai repensar o quanto vale a pena faturar mais – declaradamente – e deixar de usufruir das benesses da sistemática unificada de arrecadação de impostos e contribuições.

Percebe-se que o núcleo do problema continua em pleno vigor, vez que aumentar os níveis de faturamento não põe fim à questão. Aliás, é questionável, diante da pretensão constitucional de apoio a um segmento de empresas economicamente hipossuficiente, se agentes que possuem tão elevados níveis de faturamento são mesmo merecedores do tratamento favorecido e diferenciado.

O que se propõe é a criação de uma esfera intermediária de recolhimento, com a premissa de que, quanto maior o faturamento, menor o benefício, e não uma mudança abrupta do Simples Nacional diretamente para as formas convencionais de recolhimento de impostos e contribuições: lucro presumido ou lucro real.

Apesar desse lapso, o Simples Nacional constitui uma política pública que oferece vantagens ao cotidiano e à economicidade das empresas de pequeno porte. Se o contrário fosse, não faria o menor sentido dedicar linhas a fio sobre seu deslize normativo, que enseja a prática de subterfúgios exatamente para perpetuar o enquadramento dentro de sua sistemática.

1.3.3 Sobre o acesso aos mercados

Há mais de uma década, o procedimento das licitações públicas sofreu uma ruptura significativa. A responsável por esse fato foi a matéria disciplinada pelo Capítulo V do Estatuto Nacional da Microempresa e da Empresa de Pequeno Porte. No contexto do tratamento diferenciado e favorecido aos fornecedores de menor porte, esta é, sem dúvida, uma política pública muito significativa.

Isto porque os dispositivos da Lei Complementar nº 123/2006 que tratam sobre o "Acesso aos Mercados" impuseram medidas que objetivam aumentar a participação do segmento no âmbito desses procedimentos de aquisições públicas. As disposições se resumem em três grandes categorias, a saber: (i) alteração na fase de habilitação, vez que possibilita a correção de documentos por parte das microempresas e empresas de pequeno porte (artigos 42 e 43); (ii) alteração no julgamento das propostas, criando uma forma de empate fictício (artigos 44 e 45) e; (III) possibilidade de instaurar licitações diferenciadas, destinadas, exclusivamente, ao segmento dos pequenos negócios (artigos 47 a 49).

Obviamente que todas as fases de uma licitação são importantes, pois, uma vez insatisfeitos os requisitos do respectivo edital, o resultado pode ser a exclusão do procedimento ou, no mínimo, a conquista de uma posição classificatória indesejável. No entanto, preferimos começar a discorrer sobre a fase de habilitação, que consiste na análise, pelo órgão colegiado das licitações (Comissão de Licitação ou Pregoeiro, dependendo da modalidade), dos documentos apresentados pelas empresas concorrentes, cuja regra é amplamente conhecida por todos: documentos compatíveis com o edital resultam em empresa habilitada; incompatíveis, inabilitada. Quer dizer, excluída do certame.

Não é por acaso que Marçal Justen Filho esclarece que, durante a habilitação, as empresas candidatas ao certame oferecem prova de sua existência e regularidade para o exercício das faculdades jurídicas que o ato demanda, pois somente pode "formular proposta aquele que possa validamente contratar" e que, "em face do ordenamento jurídico, preenche os requisitos necessários à contratação e execução do objeto".[75]

Jair Eduardo Santana e Edgar Guimarães sintetizam o significado e a importância desse ato licitatório, sendo este o caminho encontrado pela Administração Pública para avaliar os "diversos aspectos do seu futuro contratado".[76]

Essa fase – que é preliminar nas Concorrências, Convites e Tomadas de Preços e posterior no Pregão – tem suas exigências documentais impostas por lei, podendo ser divididas em quatro grandes grupos, com fundamento no que prevê a Lei Federal das Licitações no Brasil – Lei nº 8.666/1993, artigo 27 – a saber: (i) habilitação jurídica, onde se exige, em apertada síntese, os atos de constituição da empresa, seus respectivos registros e a identificação de seus sócios/proprietários (artigo 28); (ii) regularidade fiscal, por meio da qual se verifica a existência, ou não, de pendências junto às Fazendas Públicas nas três esferas de governo e Receita Federal, além da Seguridade Social e Fundo de Garantia do Tempo de Serviço (artigo 29); (iii) qualificação técnica, que pode ser resumida na comprovação de capacidade técnica para prestar os serviços licitados, mediante a apresentação de atestados emitidos por pessoas jurídicas para quem a empresa candidata à licitação já tenha executado serviços semelhantes (artigo 30) e, por fim; (iv) qualificação econômico-financeira, a qual deve ser comprovada mediante a apresentação do balanço patrimonial, certidão negativa de falência ou concordata e garantias contratuais (art. 31).

As exigências documentais para concorrer em um certame licitatório são extensas e podem inibir a participação das empresas de menor porte. Preocupado com esse problema – que pode, até mesmo,

---

[75] JUSTEN FILHO, Marçal. *Comentários à Lei de Licitações e Contratos Administrativos*. São Paulo: Dialética, 2008, p. 385.
[76] SANTANA, Jair Eduardo e GUIMARÃES, Edgar. *Licitações e o Novo Estatuto da Pequena e Microempresa:* reflexos práticos da LC nº 123/06. Belo Horizonte: Fórum, 2007, p. 56.

reduzir o rol de competidores em uma licitação, o que afronta um princípio nuclear do instituto[77] – o Estatuto Nacional da Microempresa e da Empresa de Pequeno Porte (Lei Complementar nº 123/2006) estipulou o benefício da correção documental tardia, aplicável exclusivamente ao licitante enquadrado como pequena empresa, nas situações em que for declarado vencedor do competitório, apesar de ressalvas documentais. Confiramos a disposição legal:

> Art. 43 – As microempresas e empresas de pequeno porte, por ocasião da participação em certames licitatórios, deverão apresentar toda a documentação exigida para efeito de comprovação de regularidade fiscal e trabalhista, mesmo que esta apresente alguma restrição.
>
> §1º – Havendo alguma restrição na comprovação da regularidade fiscal e trabalhista, será assegurado o prazo de cinco dias úteis, cujo termo inicial corresponderá ao momento em que o proponente for declarado vencedor do certame, prorrogável por igual período, a critério da Administração Pública, para a regularização da documentação, para pagamento ou parcelamento do débito e para emissão de eventuais certidões negativas ou positivas com efeito de certidão negativa.

Interessante notar que a redação do dispositivo foi atualizada pelas Leis Complementares nºs 147, de 7 de agosto de 2014, e 155, de 17 de outubro de 2016.

A Lei Complementar nº 147/2014 se encarregou de aumentar o prazo para correção dos documentos para cinco dias, posto que, na redação original, esse prazo era de apenas dois dias.

Obviamente que não é uma ampliação do prazo em míseros três dias que vai resolver as dificuldades enfrentadas pelas pequenas empresas, principalmente quando o assunto é a correção de negativas fiscais, cuja emissão pode se tornar assaz burocrática e onerosa para quem não tem conhecimentos contábeis ou jurídicos e, muito menos, uma estrutura organizacional encarregada na emissão de tais documentos.

---

[77] Essa ressalva é muito relevante, vez que as benesses aplicáveis à pequena empresa nas licitações apresentam-se totalmente compatíveis com a finalidade maior do instituto, consistente na seleção da proposta mais vantajosa para a Administração Pública (art. 3º da Lei nº 8.666/93). Isto significa que a conquista de uma proposta vantajosa será mais eficiente na medida em que for selecionada em universo efetivamente amplo e competitivo de fornecedores, composto por empresas de todos os portes, indistintamente.

É de amplo conhecimento que órgãos como a Receita Federal e o Instituto Nacional da Seguridade Social, não raras as vezes, lançam débitos ou cobranças em desfavor dos contribuintes, os quais sequer têm conhecimento dos respectivos fatos geradores, seja porque há muito ocorreram, ou, até mesmo, porque nem mesmo são reais, não ultrapassando a esfera do equívoco por parte dos entes arrecadadores.

Nesses casos, é inconcebível acreditar que uma pequena empresa possa participar de uma licitação, apresentando, na fase de habilitação, uma certidão positiva de débitos e, sagrando-se vencedora, possa negociar ou quitar o débito (ou mesmo desfazer o mal-entendido) em tão exíguo interregno temporal (cinco dias úteis). Trata-se de possibilidade irreal!

A intenção do legislador infraconstitucional em aplicar o tratamento diferenciado e favorecido é muito boa, mas não passa de uma falácia. A medida serve, no máximo, para possibilitar que o empresário da pequena empresa junte um documento esquecido ou, quem sabe, traga outro que se sabia estar na iminência de ser expedido.

A segunda alteração, promovida pela Lei Complementar nº 155/2016 foi mais significativa para o cotidiano das pequenas empresas no quesito ora analisado: a regularidade documental tardia em sede de licitações.

Isso porque esse benefício, desde a promulgação do Estatuto Nacional da Pequena Empresa – Lei Complementar nº 123/2006 – foi (e ainda é) objeto de interpretação limitativa por parte dos órgãos que contratam por meio de licitação.[78] É dizer: a compreensão é de que a possibilidade de regularização recai apenas sobre os documentos de regularidade fiscal, vale dizer, aqueles por meio dos quais se afere a existência, ou não, de pendências junto às Fazendas

---

[78] A única entidade licitante, que se tem conhecimento, de que não deturpou o sentido da norma foi o Serviço de Apoio às Micro e Pequenas Empresas em São Paulo. Vide, por exemplo, seu edital de Pregão Eletrônico nº 28/2013, Processo nº 1320/2012, destinado à contratação de serviços de transporte de passageiros, por meio de ônibus, micro-ônibus e van. O instrumento convocatório revela a possibilidade de correção de quaisquer documentos de habilitação, sejam eles de natureza fiscal ou não (p. 6). Disponível em: http://www.sebraesp.com.br/index.php/licitacoes/2-uncategorised/4074-licitacoes-andamento. Acesso em: 30 mai. 2017.

Públicas Federal, Estadual e Municipal, Receita Federal, Seguridade Social e Fundo de Garantia do Tempo de Serviço.[79]

Trata-se de um grande equívoco! Essa interpretação limitativa ignora os valores constitucionalmente preservados, uma vez que o Estatuto Nacional da Pequena Empresa (Lei Complementar nº 123/2006) permitiu, expressamente, que esse segmento do mercado corrigisse seus documentos de regularidade fiscal, o que alcança, até mesmo, a regularidade perante a Seguridade Social, assaz importante e que alcança dimensão social e constitucional. E se assim está, não há justa razão para não autorizar a empresa de pequeno porte, ao ser declarada vencedora de uma licitação, a corrigir documentos de importância restrita às partes contraentes, tal como uma certidão negativa de falências ou um atestado de qualificação técnica.

Não é razoável, juridicamente, que somente parte da habilitação das pequenas empresas seja passível de correção, porque, estendida essa possibilidade a qualquer tipo de documento, inexiste prejuízo às partes, tampouco ao interesse público. Existe, pois, respeito aos anseios perseguidos pela *Lex Mater*.[80]

Posto de outra forma: não se discute que a disposição legal autoriza a pequena empresa a corrigir documentos de natureza fiscal ao final da licitação, o que inclui, entre outras negativas fiscais, a certidão de débitos perante a previdência social. Esse detalhe é muito relevante, porque traduz a possibilidade de uma licitante ser declarada vencedora do certame, em que pese estar em débito com a previdência social, apesar do preceito estampado no artigo 195 da Constituição da República Federativa do Brasil de 1988, no sentido de que

> A seguridade social será financiada por toda a sociedade, de forma direta e indireta, nos termos da lei [...]

---

[79] Nesse sentido, ver Jair Eduardo Santana e Edgar Guimarães, segundo os quais: "A prerrogativa conferida às ME/EPP diz respeito tão-somente à parcela da habilitação, a chamada regularidade fiscal" (SANTANA, Jair Eduardo e GUIMARÃES, Edgar. *Licitações e o Novo Estatuto da Pequena e Microempresa*: reflexos práticos da LC nº 123/06. Belo Horizonte: Fórum, 2007, p. 55).

[80] OSÓRIO, Carlos Willians. A possibilidade de correção de documentos estritamente fiscais por parte da microempresa e da empresa de pequeno porte nas licitações: uma afronta aos ditames constitucionais?. *BLC – Boletim de Licitações e Contratos*, São Paulo: NDJ, ano 29, n. 12, p. 1119-1124, dez. 2016.

§3º. A pessoa jurídica em débito com o sistema de seguridade social, como estabelecido em lei, não poderá contratar com o Poder Público nem dele receber benefícios ou incentivos fiscais ou creditícios.

É certo que a pequena empresa não será contratada se os débitos perante a seguridade social persistirem. Contudo, ela poderá ser declarada vencedora do certame (ato anterior à celebração do contrato), em que pesem as pendências observadas justamente em uma exigência do âmbito constitucional. Eis a confirmação da força do princípio do tratamento favorecido e diferenciado às pequenas empresas, que também é disposto em sede constitucional.

A questão posta é a seguinte: se é possível corrigir um documento de tamanha repercussão social, posto que inerente à seguridade, por que razão não é permitida a regularização de outro documento meramente formal, tais como um atestado de capacidade técnica que tenha sido apresentado com alguma impropriedade, um contrato social não atualizado, por exemplo, com relação ao último endereço da empresa ou, quem sabe, um balanço patrimonial em que esteja faltando algum dado para aferir a capacidade econômico-financeira?

Afinal, "in eo quod plus est semper inest et minus" ou, em tradução livre, "quem pode o mais, pode o menos". Não é justo que empresas de pequeno porte sejam alijadas dos certames concorrenciais públicos em razão de impropriedades documentais de diminuta importância, sendo que a elas é conferido um direito bem maior: o de sanar irregularidades de natureza fiscal.

Embora não haja uma razão plausível para que a benesse seja parcial, há um efeito prático e incontestável: a interpretação equivocada de dispositivos legais pode embaraçar ainda mais a rotina das empresas de pequeno porte, bloqueando o tão almejado acesso aos mercados das contratações públicas.

Mas nem tudo está perdido! Àqueles que acreditam que toda resposta para os problemas sociais deve sair do texto frio e restrito das leis, é possível oferecer uma interpretação bastante legalista ao fato ora estudado.

Isso porque a inovação redacional trazida pela Lei Complementar nº 155/2016, sobre o texto originário do parágrafo primeiro do artigo 43 da Lei Complementar nº 123/2006, ofereceu a base necessária para robustecer, ainda mais, a tese ora defendida.

Antes, a redação propunha que às pequenas empresas, diante da constatação de restrições documentais, seria concedido prazo "[...] para a regularização da documentação, pagamento ou parcelamento do débito, e emissão de eventuais certidões negativas ou positivas com efeito de certidão negativa". Com o advento da Lei Complementar nº 155/2016, às pequenas empresas foi concedido prazo "[...] para regularização da documentação, *para* pagamento ou parcelamento do débito *e para* emissão de eventuais certidões negativas ou positivas com efeito de certidão negativa" (Grifos nossos).

Os nossos grifos não deixam dúvidas de que o prazo concedido serve tanto para regularizar [qualquer documentação], como para pagamento ou parcelamento de débitos ou, ainda, para emissão de eventuais certidões de débitos, sejam elas negativas ou positivas com efeito de negativa.

É dizer: a preposição "para", acompanhada, em sua terceira aparição, do substantivo "e" traduz uma significação "aditiva", que une as orações e palavras da disposição legal.[81] Une, pois, tudo o que a pequena empresa pode regularizar no prazo que lhe é concedido: pagar ou parcelar débito, emitir eventuais certidões e, também, regularizar a documentação. Então, todas essas providências são possíveis.

Uma solução bastante pertinente ao problema seria, também, possibilitar a emissão de certidão única de débitos, sobretudo porque, como afirmamos alhures, o Simples Nacional permite a arrecadação de impostos e contribuições em um único documento de arrecadação.

No âmbito da simplificação das obrigações tributárias, a vantagem dessa sistemática recai sobre a facilidade em preencher apenas um documento de arrecadação; na esfera das obrigações administrativas, a simplicidade reside na emissão de certidão única, emitida por órgão expedidor único, o que facilitaria as tarefas administrativas da pequena empresa, especialmente quando decidir participar das licitações públicas, ambiente em que se exige regularidade fiscal como condição de habilitação.

---

[81] FERREIRA, Aurélio Buarque de Holanda. *Novo Dicionário da Língua Portuguesa*. Curitiba: Positivo, 2004, p. 709.

Sem prejuízo da possibilidade – já praticada – de se arrecadar de forma unificada e da possibilidade – aqui aventada – de se comprovar a regularidade no recolhimento de tais impostos e contribuições por meio de certidão única de débitos, nada impede, diante dos preceitos constitucionais, sejam as pequenas empresas desoneradas por completo de demonstrar, na seara das contratações públicas, sua regularidade fiscal, afinal, não é excesso recordar que o anseio maior do Constituinte de 1988 foi o de dispensar tratamento jurídico favorecido e diferenciado às pequenas empresas, visando a incentivá-las pela simplificação de suas obrigações administrativas ou, até mesmo, reduzindo-as ou eliminando-as por meio de lei (art. 179 da Constituição Federal).

O segundo tema inerente à participação das pequenas empresas nas licitações é menos polêmico, sobretudo em razão de sua conotação matemática, incidente em hipóteses específicas para beneficiar as propostas ofertadas pelo segmento. Para a doutrina, vislumbra-se uma situação em que se considera *"artificialmente empatadas* propostas que *originalmente assim não estariam* à vista de suas expressões concretas e reais"[82] (destaques do original).

Significa que a Lei Complementar nº 123/06 institui, artificialmente, um empate na hipótese em que uma pequena empresa oferte uma proposta superior em até 5% (cinco por cento) ou 10% (dez por cento) – a depender da modalidade licitatória – em relação à proposta ofertada por uma concorrente de médio ou grande porte. Confiramos os dispositivos em questão:

> Art. 44. Nas licitações será assegurada, como critério de desempate, preferência de contratação para as microempresas e empresas de pequeno porte.
>
> §1º. Entende-se por empate aquelas situações em que as propostas apresentadas pelas microempresas e empresas de pequeno porte sejam iguais ou até 10% (dez por cento) superiores à proposta mais bem classificada.
>
> §2º. Na modalidade de pregão, o intervalo percentual estabelecido no §1º deste artigo será de 5% (cinco por cento) superior ao melhor preço.

---

[82] SANTANA, Jair Eduardo e GUIMARÃES, Edgar. *Licitações e o Novo Estatuto da Pequena e Microempresa:* reflexos práticos da LC nº 123/06. Belo Horizonte: Fórum, 2007, p. 40.

Com efeito, podemos imaginar um certame licitatório da modalidade Pregão em que, ao final da fase de disputa de lances, o menor preço tenha sido ofertado por uma empresa média ou grande, na ordem de R$100.000,00 (cem mil reais). Em segundo lugar, respeitada a ordem classificatória, encontra-se posicionada uma pequena empresa, com proposta no montante de R$104.000,00 (cento e quatro mil reais).

Em que pese suas propostas não sejam equivalentes em termos de valores, a lei cria, artificialmente, uma situação de empate para beneficiar a empresa menor, haja vista que, entre as propostas, existe um intervalo igual ou menor a 5% (cinco por cento).

Ato contínuo, a empresa de pequeno porte, proponente do valor de R$104.000,00 (cento e quatro mil reais), será convocada para, querendo, cobrir a proposta de sua concorrente de maior porte. Nesse caso, a pequena empresa deverá ofertar último e definitivo lance, inferior a R$100.000,00 (cem mil reais), nos termos do artigo 45, inciso I, da Lei Complementar nº 123/2006.

Nas demais modalidades licitatórias – concorrência, tomada de preços e convite – a ritualística é idêntica, com exceção do intervalo entre as ofertas, que se eleva para 10% (dez por cento).

Apesar da aparente perfeição da norma, sua aplicabilidade comporta mecanismos evasivos que podem resultar em desrespeito aos direitos das pequenas empresas durante a disputa de preços com outras concorrentes de maior porte.

Existe um lapso legislativo que colide disposições decisivas constantes da lei do pregão (10.520/2002), com as previsões do Estatuto da Micro e Pequena Empresa (Lei nº 123/2006). Isso porque a lei do pregão, ao prever detalhes do procedimento inerente ao julgamento das propostas, possibilita ao pregoeiro que, por ocasião do exame de aceitabilidade proposta classificada em primeiro lugar, negocie diretamente com o fornecedor que a emitiu, em busca de preço melhor (art. 4º, inc. XI e XVII).

Em razão de não estabelecer o momento exato em que esse procedimento deve ser aplicado, se a negociação for aplicada antes da concessão ao direito de desempate por parte da pequena empresa, seu concorrente de maior porte poderá reduzir sua proposta para um lapso maior que 5%, como forma de inviabilizar o direito de preferência.

Se de um lado é criado um mecanismo para empatar grandes e pequenos, de outro é concedida uma verdadeira autorização evasiva ao direto de preferência que detém os pequenos empreendimentos, enfraquecendo a participação do segmento nesse mercado milionário das contratações públicas.

Por outro lado, os sistemas que processam os pregões na versão eletrônica – como é o caso da Bolsa Eletrônica de Contratações do Governo do Estado de São Paulo – municiam as autoridades e as empresas licitantes de mecanismos que impedem práticas dessa estirpe. A esse respeito, dispôs o manual da *Autoridade Competente – Pregoeiro*, que, ao término da etapa de lances, o sistema identificará, automaticamente, os licitantes na condição de pequena empresa com direito de preferência. Ato contínuo, o concederá por prazo de cinco minutos e, só então, permitirá a negociação de preços com o fornecedor titular da proposta de menor valor.[83]

Evidencia-se, pois, que o sistema eletrônico obriga, em primeiro lugar, o exercício do direito de preferência para, somente então, possibilitar o início da fase de negociação. O exemplo supratranscrito revela que o aparato da Bolsa de Contratações de São Paulo evita a inversão dos atos, cuja concreção resultaria em ofensa ao direito do licitante de pequeno porte.

Infelizmente trata-se de um sistema aplicável somente às licitações processadas na modalidade pregão, que, por impedimento legal, não é utilizada para as milionárias obras públicas.[84] Estas são realizadas mediante licitações da modalidade concorrência, que nada têm de econômicas e tornam possível a prática do subterfúgio estudado.

Os benefícios concedidos às pequenas empresas nas licitações públicas não se resumem às fases de classificação e de habilitação dos certames. Existem, também, as contratações diferenciadas e simplificadas, disciplinadas pelos artigos 47 a 49 da Lei Complementar nº 123/2006.

---

[83] SÃO PAULO (Estado). Secretaria da Fazenda. Assistência Técnica da Coordenadoria de Entidades Descentralizadas e de Contratações Eletrônicas – CEDC. *Manual do pregão eletrônico*: autoridade competente (pregoeiro). São Paulo: 2012, p. 60-62.

[84] Neste sentido o artigo 5º do Decreto nº 3555/2000: "A licitação na modalidade de pregão não se aplica às contratações de obras e serviços de engenharia, bem como às locações imobiliárias e alienações em geral, que serão regidas pela legislação geral da Administração".

A disposição é no sentido de que a Administração Pública,[85] em suas contratações, deverá conceder tratamento diferenciado à pequena empresa, objetivando a promoção do desenvolvimento econômico e social no âmbito municipal e regional, a ampliação da eficiência das políticas públicas e o incentivo à inovação tecnológica (art. 47, *caput*), não sendo admitido deixar de aplicar essa disciplina sob o argumento de inexistência de legislação estadual, municipal ou regulamento específico. Para esses casos, é imposta a aplicação da legislação federal, isto é: a Lei Complementar nº 123/2006 (art. 47, parágrafo único).

Percebe-se, pois, a preocupação do legislador infraconstitucional em conferir irrestrita concreção aos mandamentos do Texto Magno.

Para materialização desses preceitos, o Estatuto Nacional da Micro e Pequena Empresa instituiu três situações que os viabilizam (art. 48, inc. I ao III), consistentes: (i) no dever de destinar, exclusivamente à participação das pequenas empresas, os procedimentos licitatórios que resultem em contratos de até R$80.000,00 (oitenta mil reais); (ii) na possibilidade de exigir, das grandes empresas que forem executar obras ou serviços, a subcontratação de pequenas empresas e; (iii) no dever de reservar, em certames para aquisição de bens de natureza divisível, cota de até 25% (vinte e cinco por cento) do objeto para a contratação de empresas de pequeno porte.

As razões da limitação do montante de R$80.000,00 (oitenta mil reais) – para as licitações exclusivas – permanecem enigmáticas. Se a preocupação é com eventual lesão ao princípio da igualdade que deve haver entre as empresas licitantes, não é excesso recordar que, do outro lado, encontram-se as contratações vultosas, muito superiores a esse patamar – aliás, que encontram dimensão milionária – as quais, naturalmente, são destinadas às grandes empresas, cuja estrutura favorece a assunção de grandes negócios, com grandes investimentos e grandes possibilidades de retornos

---

[85] O termo "administração pública" é utilizado considerando todos os seus tentáculos e níveis de governo ou, na exata disposição do artigo 47, *caput*, da Lei Complementar nº 123/2006: "[...] administração direta e indireta, autárquica e fundacional, federal, estadual e municipal".

rentáveis. Nessa esteira, se há afronta à igualdade, seguramente ela não reside no âmbito da exclusividade de participação em certames de tão ínfimo valor. Ao contrário, a afronta está nitidamente situada na reserva das licitações vultosas aos grandes empreendimentos. É desigual exatamente por inexistirem mecanismos jurídicos que assegurem a contratação de empresas de pequeno porte nas contratações milionárias.

Aqui não é excesso recordar que o faturamento bruto anual de uma empresa de pequeno porte pode chegar até R$4.800.000,00 (quatro milhões e oitocentos mil reais).[86]

É isonômico, portanto, que prevaleça uma dimensão econômica próxima a esse patamar e, portanto, superior aos R$80.000,00, como critério de destinação exclusiva de licitações às empresas pequenas, em respeito às distinções de estatura de cada empreendimento que a própria lei impõe.

A hipótese da exigência de subcontratação de pequena empresa, imposta ao concorrente vencedor, também apresenta desafios ao segmento, sobretudo no momento de ter acesso a esse tipo de oportunidade.

Nesse caso, caberá ao empresário da pequena empresa – empreendedor nato e, talvez, eterno – ficar atento às grandes contratações almejadas pelos órgãos ou entidades da Administração Pública, as quais serão, necessariamente, precedidas de licitação, que é pública e deve ser amplamente divulgada por meio de avisos em diários oficiais, jornais diários de grande circulação e nos respectivos endereços eletrônicos. Passo seguinte, conhecedor do resultado final de julgamento, deverá entrar em contato com a empresa vencedora, objetivando oferecer seus serviços para ser subcontratado. E o sucesso dessa proposta de subcontratação, é bom não olvidar, vai depender da boa vontade daquela empresa vencedora oficial da licitação.

O raciocínio até aqui desenvolvido irradia efeitos à última hipótese do artigo 48, consistente no estabelecimento de cota, no limite de 25% (vinte e cinco) por cento do objeto, para contratação de microempresa e empresa de pequeno porte, quando a licitação

---

[86] Art. 3º, inc. II, da Lei Complementar nº 123/2006.

tiver como objeto a aquisição de bens ou a contratação de serviços de natureza divisível. É dizer: não há uma justa razão para se limitar apenas esse percentual ao segmento.

O estabelecimento de uma cota de até 50% (cinquenta por cento) nos parece justa e igualitária, porque, se o contrário for (diga-se: 25%, apenas), sendo os 75% (setenta e cinco por cento) restantes do objeto licitado assumidos por grandes empresas, restará mitigado o almejado acesso aos mercados, contrariando a vontade do Constituinte de 1988.

Estas são, pois, as benesses que recaem sobre a pequena empresa no ambiente das contratações promovidas pela Administração Pública.

Trata-se de um tema de extrema importância e que é capaz de contribuir significativamente para a colocação dessas pequenas células produtivas no âmago do desenvolvimento econômico nacional.

Não há dúvidas de que as disposições da Lei Complementar nº 123/2006 – ora estudadas – foram responsáveis por um aumento significativo da participação das empresas de pequeno porte nas compras realizadas pelo governo federal.

Segundo levantamentos elaborados pelo SEBRAE em São Paulo, pautados nos dados do Ministério do Planejamento, no ano de 2005 (antes da vigência da LC nº 123/2006), as contratações do segmento não ultrapassavam a quantia de R$4.426.795.966,14. Em 2011, esse montante subiu para R$15.292.200.170,77.[87]

Mas isso não é tudo. Dados recentes, publicados pelo Ministério do Planejamento, revelam que, durante o ano de 2016, o total contratado pelo governo federal foi de R$37.814.457.552,50, resultante de 23.049 ajustes. No entanto, os contratos celebrados com as pequenas empresas alcançaram somente R$9.209.010.015,10, em que pese a quantidade desses contratos – isto mesmo: apenas em números de contratos – seja de 17.026.[88]

---

[87] SEBRAE-SP. Serviço de Apoio às Micro e Pequenas Empresas do Estado de São Paulo. *ABC do candidato empreendedor*: o desenvolvimento em suas mãos. Paulo Melchor (Org.). São Paulo: SEBRAE. 2012, p. 34.

[88] BRASIL. Ministério do Planejamento. *Painel de Compras do Governo Federal*. Brasília: 2017. Disponível em: https://paineldecompras.planejamento.gov.br/QvAJAXZfc/opendoc.htm?document=PaineldeCompras.qvw&host=QVS@17-0112-b-ias04&anonymous=true. Acesso em: 16 nov. 2017.

O que o governo federal divulga é que 73,87% dos contratos foram firmados com as pequenas empresas. É verdade! Mas se quase 74% dos contratos representam pouco mais de R$9 bilhões em um universo de quase R$38 bilhões, isso significa que a representatividade dessas avenças, em termos de valores, é diminuta, confirmando a nossa constatação de que as empresas de pequeno porte continuam, ao longo da história do Brasil, amargando a conquista de atividades meramente secundárias e pouco lucrativas, permanecendo o domínio dos empreendimentos titulares do grande capital sobre as contratações mais vantajosas.

Por estas razões, o problema merece a reflexão de uma proposta muito mais profunda, sob o aspecto da estrutura do mercado licitatório, para que resultados equitativos sejam alcançados.

É plausível, para que a partilha das contratações públicas seja efetivamente inclusiva, que parcela igualitária das licitações promovidas por determinado ente seja destinada, exclusivamente, à participação das pequenas empresas. Mas, frise-se: certames de grande vulto econômico.

Nessa esteira, cada órgão ou entidade contratante deve alternar seus certames de grande magnitude econômica, destinando-os ora aos grandes e ora aos pequenos empreendimentos.

O critério deve ser objetivo, por meio do estabelecimento de um rodízio cronológico, inadmitindo-se desvios ou meios fraudulentos que possibilitem, por exemplo, que determinada concorrência vultosa seja direcionada aos grandes e abastados, e aquelas de menor representatividade econômica às pequenas empresas.

A alternância deve ser rígida, encontrando apoio no planejamento das contratações previstas para o exercício, obedece-se ao critério do grande valor estimado das avenças almejadas, repartindo-as igualitariamente a cada público distinto.

A título de exemplo podemos facilmente refletir sobre as licitações de um famigerado órgão federal, que tem por incumbência institucional a manutenção das diversas rodovias do país.

Diante do planejamento de realizar, ao longo de determinado exercício, as obras e serviços pertinentes para a manutenção de dois grupos de rodovias, um localizado na região nordeste do país e outro na região sudeste, o mencionado órgão federal realizaria certames concorrenciais distintos – cada qual estimado em milhões – destinando um para as pequenas empresas e outro para os grandes empreendimentos.

O efeito almejado seria a repartição da fatia mais vantajosa desse mercado dos negócios públicos, evitando a concentração do erário nas mãos das grandes empreiteiras e construtoras, restando aos agentes de diminuta estatura as sobras dessas avenças, consubstanciadas nas contratações de pequena monta, perpetuando, assim, a manutenção do poder econômico.

Não havendo essa imposição por meio de lei, somente os restos serão assegurados à pequena empresa, porque os benefícios até aqui estudados não são capazes de assegurar o verdadeiro acesso aos mercados.

Com base nesses resultados parciais, restou comprovado que a tentativa de equalizar forças entre grandes e pequenos empreendimentos produziu um importante avanço. Contudo, ainda existem muitos espaços a serem conquistados, o que somente será alcançado mediante adoção de políticas efetivas de apoio, planejamento e vontade política.

A constatação até aqui alcançada é restrita ao mercado dos negócios públicos, onde o Estado intervém no domínio econômico para tentar mitigar a assimetria das relações mercadológicas e favorecer a contratação de pequenas empresas pelo setor público. O desafio, a partir de agora, é saber qual é a situação enfrentada por esse segmento no âmbito privado. Essa a perspectiva a ser enfrentada no capítulo subsequente.

CAPÍTULO 2

RELAÇÕES CONTRATUAIS ASSIMÉTRICAS

As conclusões alcançadas no capítulo anterior nos oferecem a certeza de que o Brasil conta com um imenso contingente de pessoas desprovidas de recursos ou que sobrevivem com recursos ínfimos, as quais, por necessidade, se lançam ao mercado em busca do exercício de uma atividade econômica organizada, sobretudo por meio de empresas de pequeno porte.

O porte da empresa sofre influência direta da origem econômica e social de seu empresário, a menos, como vimos, que nos deparemos com casos de sucesso, em que o rendimento do negócio se eleva, com o consequente aumento da riqueza e da estrutura do empreendimento.

Mas os dados estatísticos têm mostrado que as pequenas empresas ainda representam a maioria no mercado e, por força do impacto que exercem sobre a economia – gerando emprego e renda, por exemplo – foram destinatárias de benesses constitucionais e legais que buscam equalizar suas forças com outros agentes econômicos de maior porte.

Trata-se de um tratamento favorecido que reflete a intervenção do Estado no domínio econômico, em atenção à própria estrutura diminuta dessas empresas, a elas sendo oferecidas formas diferenciadas para o cumprimento de obrigações administrativas, para o recolhimento de impostos e contribuições, para acesso a linhas de crédito, além da criação de alguns dispositivos que podem ajudá-las quando estiverem competindo no âmbito das contratações públicas.

Vicente Cândido, autor do Projeto de Código Comercial (nº 1572/2011), deixa consignado que as benesses que recaem sobre o segmento dos pequenos empreendimentos não podem ser interpretadas como vantagens competitivas injustificáveis. Aliás, assevera, sequer vantagens são. Tudo não passa de mecanismos de "neutralização de desvantagem competitiva", criados exatamente para que "haja liberdade de iniciativa e livre concorrência".[89]

Não obstante as ressalvas realizadas a todo esse aparato jurídico à disposição das empresas de pequeno porte, não há como negar a preocupação dos legisladores constituinte e complementar com esses empreendimentos que necessitam de apoio. Mas o que foi até aqui estudado não é capaz de abarcar todos os âmbitos de atuação das pequenas empresas, em homenagem ao pretenso equilíbrio entre as forças no mercado.

É que, no âmbito das contratações, as relações entre empresas de tamanhos distintos podem se revelar assimétricas, justamente em razão do poderio econômico exercido – com abuso – pelos empreendimentos de grande porte que, vorazes por aumentar seus lucros a todo custo, empregam sua hegemonia sobre os agentes econômicos menores.

O princípio da autonomia da vontade é suficiente para disciplinar as relações contratuais quando as partes se encontram em igualdade de condições de negociação, sobretudo porque cada qual tem ao seu alcance os mecanismos para a defesa de seus interesses e compreensão das obrigações que serão assumidas. Vale dizer: nesses casos, a simetria dos contraentes se encarrega de preservar suas legítimas pretensões, equilibrando a avença.

Mas nem sempre é assim. Fenômenos de ordem econômica, social, mercadológica ou, até mesmo cultural, podem tornar a relação contratual assimétrica.

Nesses casos, não pode o Estado deixar de proteger a parte contraente mais fraca, com o propósito de equilibrar as relações econômicas, limitar o abuso do poder econômico e garantir a livre iniciativa e a livre concorrência.

Nesse contexto, é sabido que há uma infinidade de relações contratuais que podem revelar-se assimétricas, não exatamente

---

[89] COELHO, Fábio Ulhoa; LIMA, Tiago Asfor Rocha; NUNES, Marcelo Guedes. *Reflexões sobre o projeto de código comercial*. São Paulo: Saraiva, 2013, p. 152.

relacionadas ao tamanho das partes contraentes. Contudo, especialmente no caso de contratos celebrados entre as empresas de pequeno porte e as grandes organizações – em que a força do capital e o poder de influenciar na atividade negocial do empreendimento menor, impondo restrições de toda ordem – é que se observa a inexistência do necessário contrapeso da relação.

Não se pode olvidar, também, da assimetria que pode acometer o segmento das pequenas empresas no âmbito dos contratos administrativos. É o poderio dos órgãos e entidades da Administração Pública que recaem sobre o ínfimo patrimônio dessas diminutas unidades produtivas, negligenciando seu porte e sua capacidade econômica.

A partir do reconhecimento de que os empresários, bem como as empresas, não são iguais entre si, será preciso analisar os aspectos teóricos das relações contratuais assimétricas a que se submetem as pequenas empresas no mercado. Esse o tema a ser enfrentado pelo presente capítulo.

2.1 A coexistência mercadológica e os princípios de regência

A livre iniciativa é, indiscutivelmente, o princípio mais importante a ser estudado quando o assunto é a atuação das empresas no mercado.

Trata-se de um valor consagrado pela Constituição como forma de garantir aos agentes a busca pela sobrevivência – e, quem sabe, a conquista de riqueza – tudo em razão do exercício de uma atividade econômica.

O aspecto subjetivo da livre iniciativa, já afirmamos, é o empreendedorismo, que, em âmbito que ultrapassa as fronteiras brasileiras, é insistentemente conceituado a partir de fórmulas comportamentais sofisticadas, como se o seu titular (o tal do empreendedor) fosse o único responsável pela sobrevivência do negócio.

> The entrepreneur is one who understakes to organize, manage and assume the risks of business. In recent years, entrepreneurs have been

doing so many things that it is now necessary to breaden this definition. Today, an entrepreneur is an innovator or developer who recognizes and seizes opportunities; converts those opportunities into workable/marketable ideas; adds value through time, effort, money or skills; assumes the risks of the competitive marketplace to implement these ideas; and realizes the rewards from these efforts.[90]

É possível que essa projeção da sobrevivência do empreendimento, exclusivamente na pessoa de seu titular, seja uma realidade fora do Brasil. Por aqui é necessário muito mais que ideias, inovação e reconhecimento de oportunidades de negócios, conforme postula Donald Kuratko.

Para que possamos mensurar a gravidade do problema, é pertinente mencionar que o SEBRAE realizou pesquisa com empresas de todos os portes, e com até dois anos de constituição, com o objetivo de identificar os fatores determinantes da sobrevivência e mortalidade desses empreendimentos. O trabalho foi realizado a partir do processamento e análise das bases de dados disponibilizadas pela Secretaria da Receita Federal e, também, com entrevistas a junto a 2.006 empresas, ativas e inativas. O resultado revelou que a taxa de sobrevivência das médias e grandes empresas é de 98% e 97%, respectivamente. Tratando-se de microempresa, no entanto, essa taxa despenca para apenas 55%. É dizer: quase a metade desse público fecha as portas em um período de dois anos.[91]

Os motivos dessa mortalidade empresarial também foram objeto da pesquisa. Em primeiro lugar, 31% dos empreendedores entrevistados responderam que o fechamento da empresa ocorreu por força de "impostos/custos/despesas/juros". Em segundo lugar, 29% dos empreendedores revelaram que o motivo foi a queda da atividade econômica exercida, com queda nas vendas, baixa procura, demanda e número de clientes, além da "forte concorrência" do mercado. O interessante é notar que esse fator concorrencial,

---

[90] KURATKO, Donald F. *Entrepreneurship:* Theory, Process, Practice. Boston: Cengage Learning, 2017, p. 4.
[91] SERVIÇO BRASILEIRO DE APOIO ÀS MICRO E PEQUENAS EMPRESAS – SEBRAE. *Sobrevivência das Empresas no Brasil*. Brasília, 2016. Disponível em: http://datasebrae.com.br/wp-content/uploads/2017/04/Sobreviv%C3%AAncia-de-Empresas-no-Brasil-2016-FINAL.pdf. Acesso em: 07 nov. 2017, p. 15.

posicionado em segundo lugar no *ranking* para que as empresas de porte diminuto encerrem suas atividades, fica na frente, até mesmo, dos notórios problemas financeiros, da ausência de capital de giro e da falta de linhas de empréstimo (25%).[92]

Nos Estados Unidos, essa taxa de sobrevivência chegou a 77,4%, muito embora a entidade responsável pela pesquisa tenha relatado a dificuldade de se obter estudos internacionais que observem a mesma metodologia ou que disponha, continuamente, de tais dados sobre o segmento dos pequenos negócios. Tanto é assim que, com relação aos outros países citados na pesquisa, os dados foram disponibilizados somente até o ano de 2007. O caso dos Estados Unidos foi o que mais se aproximou da pesquisa do Brasil – não em termos de taxa percentual de sobrevivência das empresas pequenas (77,4% contra 55%, respectivamente), mas em termos metodológicos –, sendo utilizadas como parâmetro as empresas com até dois anos de constituição, atuantes no ramo do comércio (atacado e varejo), reparação de veículos e de bens de uso pessoal e doméstico, segmentos que mais concentram micro e pequenas empresas.[93]

Constatamos, frente a esses dados, que manter uma empresa de pequeno porte em funcionamento no Brasil não é tarefa fácil e que o fator concorrencial pesa muito quando o tema em debate é a mortalidade e a sobrevivência desses empreendimentos. Portanto, é equivocado – seja com apoio na bibliografia estrangeira ou nacional – projetar o sucesso do empreendimento apenas na pessoa de seu proprietário. E o conceito de sucesso aqui utilizado não é a conquista de lucro satisfatório e, muito menos, riqueza, poder e *status* social. Tais fatos são exceção. O sucesso de uma pequena empresa guarda relação realística com a sua mera existência (ou: "sobrevivência", como denominam as pesquisas). Se sobreviver e coexistir em um mercado concorrencial onde gravitam os empreendimentos de grande porte,

---

[92] SERVIÇO BRASILEIRO DE APOIO ÀS MICRO E PEQUENAS EMPRESAS – SEBRAE. *Sobrevivência das Empresas no Brasil (Relatório de Apresentação)*. Brasília, 2016. Disponível em: https://m.sebrae.com.br/Sebrae/Portal%20Sebrae/Anexos/sobrevivencia-das-empresas-no-brasil-relatorio-apresentacao-2016.pdf. Acesso em: 07 nov. 2017, p. 13.
[93] SERVIÇO BRASILEIRO DE APOIO ÀS MICRO E PEQUENAS EMPRESAS – SEBRAE. *Sobrevivência das Empresas no Brasil*. Brasília, 2016. Disponível em: http://datasebrae.com.br/wp-content/uploads/2017/04/Sobreviv%C3%AAncia-de-Empresas-no-Brasil-2016-FINAL.pdf. Acesso em: 07 nov. 2017, p. 55-56.

já terá tido sucesso; se, a partir daí, lograr aumentar seus lucros e enriquecer, terá ido além. Muito provável que, nessa exceção, o mérito seja mesmo do espírito empreendedor de seu titular.

Afirmamos ser equivocado imputar ao empreendedor, a título exclusivo, a existência de seu negócio, porque a livre iniciativa e o empreendedorismo não se sustentam por si sós. É preciso que o Estado intervenha em determinadas situações para assegurar a vigência desses valores.

Sobre a necessidade de intervenção do Estado como limitador da liberdade irrestrita, é relevante que saibamos que o princípio da livre iniciativa, inserido da Carta da República, é resultado de tensões políticas e ideológicas que marcaram o cenário do constituinte, ainda em 1986. O ambiente que, de um lado, era formado por grupos socializantes, por outro, contava com a resistência de industriais e de outros representantes que apreciavam um Estado menos atuante na economia, em nítida adesão aos pensamentos liberais.[94] Segundo essa doutrina política, exalta-se

> [...] el principio de la libertad individual, tanto en las relaciones de los individuos entre sí como en las relaciones de éstos con el Estado. [...] en cuanto al Estado, limitaba sus funciones a la protección jurídica indispensable para favorecer el libre juego de las actividades particulares. [...] El Estado liberal, anti-intervencionista, permitió entonces la extraordinaria influencia alcanzada por las fuerzas capitalistas y ante ello se agravó el problema de las clases trabajadoras, cuya libertad, en la realidad concreta, se traducía en una efectiva desigualdad.[95]

Em tradução contextual, a bibliografia argentina assevera que a liberdade irrestrita de que se apoderaram as forças capitalistas agrava as situações de desigualdade e pobreza.

Por isso é importante recordar que, ao lado da livre iniciativa, também são constitucionalmente preservados outros valores, que, a partir de uma perspectiva social, moldam o agir dos agentes econômicos no mercado. É dizer: se a livre iniciativa é um princípio que se pressupõe universal, ela somente pode ser assegurada se

---

[94] FERREIRA FILHO, Manoel Gonçalves. A Constituição Econômica. *Revista de Direito Administrativo*, Rio de Janeiro, n. 178, p. 18-23, out./dez. 1989.
[95] GUIDO, Emilio. *Elementos de Derecho Político*. Buenos Aires: Perrot, 1956, p. 87.

outros também o forem, tais como a livre concorrência e o apoio a outros agentes de mercado com condição econômica reduzida, que são os assuntos que nos interessam mais de perto.

A concreção da livre iniciativa pressupõe a participação de todos, em igualdade de condições, na atividade econômica nacional, assegurando – não percamos de vista – a "existência digna, conforme os ditames da justiça social".[96] Sua razão existencial consiste em possibilitar a cada cidadão a exploração de uma atividade econômica. Contudo, é preciso saber que o exercício destemperado[97] da livre iniciativa pode alcançar uma dimensão perversa e contrária aos seus próprios valores.

Não é por outra razão que essa liberdade está sujeita a "condicionamentos", conforme se vislumbra a necessidade de garantir a justiça social. Dessa forma,

> [...] a liberdade privada em dedicar-se a uma determinada atividade econômica significa tão-somente liberdade de desenvolvimento dessa atividade no quadro estabelecido pelo Poder Público. Dentro dos limites normativamente impostos a essa liberdade.[98]

O Poder Público condiciona a iniciativa privada regulando, por exemplo, a liberdade de indústria e comércio, impondo a necessidade de autorização para algumas atividades econômicas e, ainda, regulando a liberdade de contratar.[99] E tudo isso ocorre porque

> [...] o desenvolvimento do *poder econômico privado*, fundado especialmente na *concentração de empresas*, é fator de limitação à própria iniciativa privada, na medida em que a *concentração capitalista* impede ou estorva a expansão das *pequenas iniciativas econômicas*.[100] (Grifos do original)

---

[96] BRASIL. *Constituição* (1988). Constituição da República Federativa do Brasil, de 5 de outubro de 1988, artigo 170, *caput*.

[97] Valemo-nos desse termo – o destempero – em homenagem a Celso Bastos, que alertou que nenhuma liberdade pode ser exercida de forma absoluta, devendo sobre ela recair sempre "alguns temperamentos" (BASTOS, Celso Ribeiro. *Direito Econômico brasileiro*. São Paulo: IBDC, 2000, p. 115).

[98] TAVARES, André Ramos. *Direito Constitucional econômico*. São Paulo: Método, 2011, p. 239.

[99] SILVA, Américo Luís Martins da. *A ordem constitucional econômica*. Rio de Janeiro: Lumen Juris, 1996, p. 39.

[100] SILVA, Américo Luís Martins da. *A ordem constitucional econômica*. Rio de Janeiro: Lumen Juris, 1996, p. 39.

A preocupação com as limitações à liberdade de iniciativa é justa e encontra amparo no próprio ordenamento jurídico, especialmente porque seu dinamismo pode ceder espaço a condutas que deturpam seu verdadeiro significado, convertendo-se em acumulação desmedida de riquezas por uns, em detrimento de outros, o que, na essência, poderia ser legítimo, não fossem os meios fraudulentos empregados.

Os debates acerca da liberdade do funcionamento dos mercados e da necessidade de intervenção do Estado no domínio econômico alcançam um contexto internacional, sendo certo que a doutrina das ciências econômicas, sociais e jurídicas se debruça com frequência sobre essa famigerada dicotomia.

Amartya Sen, apesar de defender a liberdade dos mercados, reconhece que essa liberdade deve harmonizar-se com disposições políticas e sociais que assegurem equidade entre os agentes e impeçam que os poderosos tirem proveito de sua vantagem assimétrica.

> O mecanismo de mercado, que desperta paixões favoráveis ou contrárias, é um sistema básico pelo qual as pessoas poder interagir e dedicar-se a atividades mutuamente vantajosas. [...] Os problemas que surgem se originam geralmente de outras fontes – não da existência dos mercados em si – e incluem considerações como o despreparo para usar as transações de mercado, o ocultamento não coibido de informações ou o uso não regulamentado de atividades que permitem aos poderosos tirar proveito de sua vantagem assimétrica.[101]

Para tanto, o autor propõe que liberdade e intervenção devem ser consideradas conjuntamente, como forma de se atingir eficiência e equidade.

> É preciso lidar com os problemas de equidade, especialmente ao se tratar de graves privações e pobreza; nesse contexto, a intervenção social, incluindo o custeio governamental, pode ter um papel importante. Em grande medida, isso é exatamente o que os sistemas de seguridade social nos Estados de bem-estar procuram realizar, mediante diversos programas que incluem a provisão social [...] os dois tipos de comprometimento podem ser combináveis, mas também podem ser, pelo menos em parte, conflitantes. Na medida em que existe um conflito, a necessidade de simultaneidade ao considerar os dois aspectos

---

[101] SEN, Amartya. *Desenvolvimento como liberdade*. São Paulo: Companhia das Letras, 2010, p. 189.

conjuntamente seria importante para chegar às prioridades sociais *globais*, atentando tanto para a eficiência como para a equidade.[102]

No cerne dos debates entre eficiência e equidade, é certo que a distorção dos verdadeiros anseios perseguidos pela livre iniciativa ganha maior robustez quando inserida na causa das pequenas empresas. É que a promoção da tutela a esse grupo de empresas tem como consequência não apenas a ampliação, mas também a manutenção do princípio, porque, de um lado, abre as portas para o empreendedorismo e, de outro, afiança sua coexistência com as empresas de maior porte.

A livre iniciativa tem sua dimensão ampliada, ao passo que o tratamento favorecido e diferenciado dispensado às pequenas empresas oferece a oportunidade a esse contingente de desempregados, desapossados e necessitados de toda ordem de se socorrer à constituição de um negócio próprio, o qual terá – invariavelmente e pelo menos no começo das atividades – estatura idêntica à sua capacidade econômica e estrato social. Não olvidemos: pequena.

Mas não é só. As benesses constitucionais e legais que recaem sobre o segmento dos pequenos empreendimentos também são capazes de prover um efeito mantenedor à livre iniciativa. Esse efeito se concretiza na medida em que tais disposições asseguram a existência, no mercado, das pequenas e das grandes empresas. É a coexistência mercadológica a que nos referimos no título desse item. Com ela, a livre iniciativa se mantém porque é alimentada constantemente a permanência de diversos agentes econômicos no mercado. Essa constância a preserva, a mantém viva.

No ensejo de assegurar a coexistência mercadológica entre agentes de todos os portes, sejam eles ricos, pobres, detentores ou não de poder econômico, o tratamento favorecido e diferenciado à pequena empresa também está afeto a outro princípio de particular relevância: o da livre concorrência.

Em um ambiente em que os agentes econômicos disputam a atenção e o interesse do público destinatário de seus produtos e serviços, não é difícil notar que o cenário concorrencial

---

[102] SEN, Amartya. *Desenvolvimento como liberdade*. São Paulo: Companhia das Letras, 2010, p. 189.

constantemente instaurado e, até mesmo, motivado, representa uma benesse que irradia efeitos para todo o sistema capitalista, não apenas para o consumidor, mas para o mercado em geral, que anseia pelo desenvolvimento de melhores e novas práticas e tecnologias.

Esse estímulo constante – quase compulsório, porque quem não evolui, sucumbe – legitima a livre concorrência. Mas, assim como a livre iniciativa, esse princípio requer atenção à condição econômica das empresas e a possibilidade desses agentes intervirem no mercado – ainda que por meio de uma pequena participação: o *market share* – impondo condições aos demais para que não resistam à disputa. Essa distorção daquilo que deveria ser universalmente livre, assume uma conotação privatística, mediante práticas inúmeras de domínio dos mercados. Trata-se de verdadeira "antijuridicidade concorrencial", por meio da qual uma ou várias empresas, mediante abuso de seu poder econômico, pratica, por exemplo, "preços tão abaixo das condições mínimas para o funcionamento no mercado (preços predatórios), que as demais concorrentes não consigam acompanhá-la e aos poucos vão perdendo participação e até mesmo 'quebrando'".[103]

Decorre que não há como abordar esse tema – da coexistência no mercado e da livre concorrência – sem admitir a influência do poder. Mas não se trata do poder por sua mera existência. Trata-se do exercício do poder de uns sobre outros. Poder que exclui em razão da busca predatória do lucro e também do domínio.

Daí se afirmar que a análise do Direito – e também de circunstâncias políticas – sempre estará afeta à análise das relações de poder. Primeiro, porque a sociedade não é território de paz; segundo, porque nem mesmo do próprio Direito resulta da vontade de toda a sociedade. Ele resulta, pois, das lutas travadas entre forças e interesses antagônicos.[104]

O dicionário de negócios norte-americano esclarece que o poder representa "Ability to cause or prevent an action, make things

---

[103] BAGNOLI, Vicente. *Introdução ao Direito da Concorrência*: Brasil – globalização – União Européia – Mercosul – Alca. São Paulo: Singular, 2005, p. 149-150.

[104] BARBOSA, Marco Antônio e outros. *O direito na sociedade da informação*. São Paulo: Atlas, 2009, p. 33-34.

happen; the discretion to act or not act. Opposite of disability, it differs from a right in that it has no accompanying duties".[105]

Em tradução livre e contextual, o poder, no âmbito negocial, significa uma capacidade de causar ou impedir uma ação, de fazer com que as coisas aconteçam, podendo seu titular agir ou não agir, sendo oposto à situação de quem possui um Direito legítimo, na medida em que seu detentor não possui uma obrigação de observar deveres ou imposições.

O poder assume um feitio de dominação em determinado relacionamento, seja entre pessoas ou entidades das mais diversas naturezas, tendo como elemento fundamental a capacidade de agir e de atuar – independente, alheio e apesar de disposições legais – que, se levada a efeito, assume o comando de determinada situação.

Essa força de dominação adquire conotação econômica quando é praticada em face de atividade econômica e contra o mercado e, daí, a razão de essa manifestação ser intitulada como *poder econômico*, porque tem o sentido de dominação na disputa por interesses econômicos. Constitui "a capacidade de determinar comportamentos econômicos alheios, em condições diversas daquilo que decorreria do sistema de mercado, se nele vigorasse um sistema concorrencial puro".[106]

Essa ideia de luta pelo poder está concebida na concorrência [desvirtuada] entre os agentes econômicos, cujo objetivo primacial não é a simples satisfação de suas necessidades enquanto empreendedores legítimos, mas o acúmulo de capital e a exclusão dos outros *players*. Por isso, esse poder a que nos referimos – o econômico – alude à sujeição dos concorrentes, ou até mesmo dos consumidores, àquele que o detém. É como se estivesse envolto por uma "absoluta liberdade de agir sem considerar a existência ou o comportamento de outros sujeitos".[107]

Na essência, esse modelo concorrencial deveria ser pautado na liberdade irrestrita dos agentes de mercado. No entanto, os condicionamentos impostos pelo ordenamento jurídico se manifestam quando essa relação deixar de ser natural para sofrer a influência do

---

[105] Business Dictionary. Disponível em: http://www.businessdictionary.com/definition/power.html. Acesso em: 15 out. 2017.
[106] BRUNA, Sérgio Varella. *O poder econômico e a conceituação do abuso em seu exercício*. São Paulo: Revista dos Tribunais, 2001, p. 104 e 105.
[107] FORGIONI, Paula A. *Os fundamentos do antitruste*. São Paulo: Revista dos Tribunais, 1998, p. 271.

poder econômico. O domínio dos "mais fortes" torna possível até mesmo a própria anulação do instituto da concorrência.[108]

A partir da livre concorrência e das inúmeras práticas reprováveis no mercado para dela extrair o seu purismo, foram criados mecanismos jurídicos inibitórios para assegurar que a desejável pluralidade mercadológica continuasse a funcionar normalmente, atacando as forças impeditivas de seu regular funcionamento.

> Deixada livre a sua atuação, o poder econômico, seguidamente acrescido pela acumulação dos lucros, poderia assegurar ao seu detentor a derrota de todos os concorrentes, "concentrando-se" com a sua superioridade crescente diante dos demais, até chegar à posição extrema de ser o único de seu lado na relação de oferta e procura.[109]

Até mesmo as Encíclicas Papais reconhecem que a "concorrência desenfreada" enseja o "despotismo econômico", eis que, no sistema econômico, se amontoam riquezas e se forma um verdadeiro poderio econômico nas mãos de poucos, os quais se tornam senhores do crédito, dispondo do "sangue de que vive toda a economia, e manipulam de tal maneira a alma da mesma, que não pode respirar sem sua licença". E esse acumular de poder constitui "consequência lógica da concorrência desenfreada, à qual só podem sobreviver os mais fortes, isto é, ordinariamente os mais violentos competidores e que menos sofrem de escrúpulos de consciência". Resultam daí – segundo a análise católica – duas implicações que merecem ser mencionadas, haja vista a proximidade, de fato, com os acontecimentos que sufocam a economia brasileira nos dias atuais. É o que o Papa Pio XI, em 1931, denominou como "espécies de luta pelo predomínio". Segundo ele, o primeiro passo é alcançar o domínio econômico, puramente dito; depois, "combate-se renhidamente por obter predomínio no governo da nação, a fim de poder abusar do seu nome, forças e autoridade nas lutas econômicas".[110]

---

[108] SOUZA, Washington Peluso Albino de. *Primeiras linhas de Direito Econômico*. São Paulo: LTr, 2005, p. 239.
[109] SOUZA, Washington Peluso Albino de. *Primeiras linhas de Direito Econômico*. São Paulo: LTr, 2005, p. 254.
[110] XI, Papa Pio. *Carta Encíclica (Quadragesimo Anno)*. Disponível em: https://w2.vatican.va/content/pius-xi/pt/encyclicals/documents/hf_p-xi_enc_19310515_quadragesimo-anno.html. Acesso em: 15 out. 2017.

Classificando o resultado desse estado de coisas como "Funestas Consequências", a Carta Encíclica aduz que a "livre concorrência matou-se a si própria; à liberdade do mercado sucedeu o predomínio económico; à avidez do lucro seguiu-se a desenfreada ambição de predomínio; toda a economia se tornou horrendamente dura, cruel, atroz". A esses resultados, deve ser acrescentado o "aviltamento da majestade do Estado", não raro entregue e acorrentado aos interesses econômicos de uma minoria dominante.[111]

Embora as Encíclicas Papais mencionem em alguns trechos, como não poderia deixar de ser, que a solução do problema deve encontrar apoio na filosofia e na caridade cristã,[112] não deixam de vislumbrar uma saída jurídica. Como "Remédios", os escritos religiosos aduzem que a livre concorrência deve ser contida dentro limites justos e razoáveis e, "mais ainda", que o poderio econômico deve ser submetido, efetivamente, à autoridade pública, a quem compete adaptar a "sociedade inteira às exigências do bem comum, isto é, às regras da justiça".[113]

Longe das graças de Deus, mas afeto à sua atuação institucional perante um importante órgão de defesa da concorrência, o então Procurador Regional do CADE (Conselho Administrativo de Defesa Econômica), Sylvio Pereira, em artigo intitulado "Poder Econômico e Abuso", ressalta que essa "disputa dos mercados" ganha vulto com o capitalismo moderno – uma das consequências da Revolução Industrial ocorrida na segunda metade do século XVIII –, a partir de quando o poder econômico começa a desenvolver-se e as forças produtivas se expandem. Pondera o Procurador que o século XIX pode ser considerado como a "era da concorrência", uma

---

[111] XI, Papa Pio. *Carta Encíclica (Quadragesimo Anno)*. Disponível em: https://w2.vatican.va/content/pius-xi/pt/encyclicals/documents/hf_p-xi_enc_19310515_quadragesimo-anno.html. Acesso em: 15 out. 2017.

[112] Wilson de Andrade Brandão argumenta que a censura aos lucros excessivos é anterior à influência do ensinamento de Cristo e que o ordenamento jurídico nada pode ter de metafísico ou religioso. Ao contrário, os instrumentos de direito "servem à harmonia social, que pressupõe uma equitativa distribuição dos bens acumulados pela civilização dos homens" (BRANDÃO, Wilson de Andrade. *Lesão e Contrato no Direito Brasileiro*. Rio de Janeiro: Aide, 1991, p. 85-86).

[113] XI, Papa Pio. *Carta Encíclica (Quadragesimo Anno)*. Disponível em: https://w2.vatican.va/content/pius-xi/pt/encyclicals/documents/hf_p-xi_enc_19310515_quadragesimo-anno.html. Acesso em: 15 out. 2017.

verdadeira *"jungle* áspera", em que "a luta foi uma constante entre os empresários, desejosos de consolidar e aumentar o seu poder".[114]

Decorre de sua experiência de atuação naquele famigerado órgão de defesa econômica que "a concorrência traz, em si mesmo, o germe da própria destruição". Adverte que a competição – na verdade, o seu desvirtuamento – não se assemelha a uma contenda desportiva, com regras justas e mediante a imposição de um limite. Ao contrário, constitui uma luta para destruir um dos contendores, seja "pela subjugação do mais fraco ou pelo acordo entre as partes litigantes".[115]

Sylvio Pereira cita o jurista Vítor Nunes Leal, que, analisando a importância do princípio da livre concorrência, asseverou que o mundo, diante da formação monopolística do capital, assiste cada vez mais a economia se concentrando pela contínua absorção dos pequenos e dos médios negócios. A continuada concentração capitalista "confere aos grandes monopólios um poder formidável, e o próprio Estado se revela muitas vezes impotente para conter os seus apetites de lucros, os quais se satisfazem à custa do esforço coletivo".[116]

A partir dessas reflexões, o autor conclui que, para que a concorrência seja mantida, é necessário que o Estado, por vezes, intervenha para amparar os agentes de mercado "mais fracos e impedir o seu desaparecimento". E esse fenômeno – é importante ressaltar – decorre de uma tendência "monopolística do capital e da sua constante preocupação expansionista". Por esse motivo, a "eliminação ou absorção dos mais fracos e o entendimento entre as forças poderosas, reduzindo o número de concorrentes", tem um objetivo certo e incontestável: o aumento de poder e o acúmulo de riquezas "nas mãos privilegiadas de uma minoria cada vez mais reduzida". Se o século XIX foi a "era da concorrência",

---

[114] PEREIRA, Sylvio. Poder Econômico e Abuso. *Revista de Administração de Empresas*, São Paulo, n. 18, v. 6, jan./mar. 1966. Disponível em: http://www.scielo.br/scielo.php?script=sci_arttext&pid=S0034-75901966000100004. Acesso em: 01 nov. 2017.

[115] PEREIRA, Sylvio. Poder Econômico e Abuso. *Revista de Administração de Empresas*, São Paulo, n. 18, v. 6, jan./mar. 1966. Disponível em: http://www.scielo.br/scielo.php?script=sci_arttext&pid=S0034-75901966000100004. Acesso em: 01 nov. 2017.

[116] PEREIRA, Sylvio. Poder Econômico e Abuso. *Revista de Administração de Empresas*, São Paulo, n. 18, v. 6, jan./mar. 1966. Disponível em: http://www.scielo.br/scielo.php?script=sci_arttext&pid=S0034-75901966000100004. Acesso em: 01 nov. 2017.

o século XX foi a era do monopólio.[117] No século XXI a situação permanece a mesma! Pode-se, seguramente, imputar ao poder econômico as inúmeras e invariáveis crises políticas e econômicas, assim como os escândalos de corrupção experimentados pelo Brasil. Da mesma forma, ao poder econômico pode ser atribuída boa parte dos problemas sociais, inclusive aqueles que geram violência entre as classes menos abastadas (crimes contra o patrimônio, sobretudo, com ou sem resultado morte).

Trata-se de um poder que se revela "impenetrável", não por ser de difícil elucidação em cada caso, "mas porque suas ramificações e consequências sobre a organização política e social do país são profundas, a ponto de turvar a mente do observador, impedindo-o de distinguir causa e consequência". E essa problemática constitui um importante componente

> [...] formador da economia colonial baseada no monopólio exportador e importador da metrópole, torna-se fator central na acumulação de capital das fases econômicas sucessivas, transplantando-se da economia agrícola para a industrial.[118]

Perceptível que existem muitas formas que hostilizam a concorrência em sua forma nascente. Pode ser pelo lado da oferta (os monopólios) ou pelo lado da compra (os monopsônios) e todas as suas demais variáveis, configurando o que se denomina "concentração". É dizer: poder de influência concentrado nas mãos de um ou de poucos, em detrimentos dos outros agentes econômicos que deveriam coexistir no mercado.

A consequência prática do fenômeno da concentração torna pertinente a observação de Washington Peluso Albino de Souza, no sentido de que a crença na concorrência livre enquanto lei automática do mercado conduz ao domínio final de apenas um ou um pequeno número de concorrentes, o que cede espaço a outra lei:

---

[117] PEREIRA, Sylvio. Poder Econômico e Abuso. *Revista de Administração de Empresas*, São Paulo, n. 18, v. 6, jan./mar. 1966. Disponível em: http://www.scielo.br/scielo.php?script=sci_arttext&pid=S0034-75901966000100004. Acesso em: 01 nov. 2017.
[118] SALOMÃO FILHO, Calixto. Poder Econômico. Folha de S. Paulo, São Paulo, 20 ago. 2007. Disponível em: http://www.bresserpereira.org.br/view.asp?cod=2437. Acesso em: 20 out. 2017.

a lei da concentração. Por meio dessa última, o lema dos agentes de mercado passa a ser consubstanciado em "crescer ou perecer". Ou aumenta sua capacidade de luta (isto é: o seu poder econômico) ou acaba sendo "lançado fora da arena e derrotado".[119]

Se a concorrência for livre, restará às leis de mercado definir quando e como o empreendedor terá êxito, e se tiver. A livre concorrência, por sua vez, não admite o monopólio ou qualquer outra forma de deformidade do mercado, especialmente o afastamento artificial da competição entre os empreendedores. Ao contrário, pressupõe inúmeros competidores, em situação de igualdade. Desrespeitadas essas premissas, é impossível conceber a competição entre os empresários e o efetivo funcionamento de um "sistema econômico de mercado".[120]

Diante da importância desse preceito, a Carta Magna elevou a livre concorrência à condição de princípio da ordem econômica, determinando, por conseguinte, a repressão ao abuso do poder econômico, por ser ela (a livre concorrência) "uma das manifestações da liberdade de iniciativa econômica privada [...]".[121]

Nos termos das disposições do Texto Fundamental, a ordem econômica observa, dentre outros, o princípio da livre concorrência, fundando-se na valorização do trabalho humano e na livre iniciativa, sempre com o fim de assegurar a todos existência digna, conforme os ditames da justiça social, sendo atribuída à lei infraconstitucional a repressão ao abuso do poder econômico que vise à dominação dos mercados, à eliminação da concorrência e ao aumento arbitrário dos lucros.[122]

Essa tutela constitucional à livre concorrência preserva, sobretudo, conotação de equilíbrio de forças, na garantia de um sistema igualitário e eficiente de mercado, como ensina Fábio Ulhoa Coelho,

> No sistema capitalista, a liberdade de iniciativa e a de competição se relacionam com aspectos fundamentais da estrutura econômica. O

---

[119] SOUZA, Washington Peluso Albino de. *Primeiras linhas de Direito Econômico*. São Paulo: LTr, 2005, p. 240.
[120] TAVARES, André Ramos. *Direito Constitucional Econômico*. São Paulo: Método, 2003, p. 254-255.
[121] SILVA, Américo Luís Martins da. *A Ordem Constitucional Econômica*, Rio de Janeiro: Lumen Juris, 1996, p. 58.
[122] BRASIL. Constituição (1988). *Constituição da República Federativa do Brasil*, de 5 de outubro de 1988, artigo 170, *caput*, combinado com seu inciso IV e artigo 173, parágrafo 4º.

direito, no contexto, deve coibir as infrações contra a ordem econômica com vistas a garantir o funcionamento do livre mercado.[123]

Sua defesa em sede constitucional, enfim, tem o propósito maior de impedir uma posição de supremacia ou domínio, para manutenção de uma essencial igualdade e necessário equilíbrio entre os agentes lançados à atividade econômica, condições imprescindíveis para o desenvolvimento do país.

É preciso recordar, sempre, que a livre concorrência não configura um valor-fim, mas de um valor-meio. Trata-se de instrumento de concreção de uma política econômica, tendo por finalidade não apenas conter as práticas abusivas, mas, sobretudo, estimular que todos agentes econômicos participem do esforço do desenvolvimento. "Os dispositivos constitucionais visam, pois, tutelar o sistema de mercado e especialmente proteger a livre concorrência, contra a tendência açambarcadora da *concentração capitalista*".[124]

Por todas essas afirmativas, é possível concluir que o princípio em estudo acaba assumindo um viés protetor em prol das pequenas empresas, tão vulneráveis no mercado competitivo, porque garante a "liberdade de concorrência como forma de alcançar o equilíbrio entre os grandes grupos e um direito de estar no mercado também para as pequenas empresas".[125]

Dessa forma, o princípio do tratamento favorecido e diferenciado atribuído às pequenas empresas guarda total afinidade com a livre concorrência, porquanto permite a esses empreendimentos, não obstante a sua diminuta estatura, manterem-se competitivamente no mercado, justamente por conta das benesses que lhes são asseguradas. Afinal, o princípio está nesse contexto não somente porque as disposições que o instituem (art. 170, IX e 179 da Constituição Federal) estão nessa "posição geográfica", mas porque "os benefícios exigidos constitucionalmente têm no

---

[123] COELHO, Fábio Ulhôa. *Direito Antitruste brasileiro:* comentários à Lei 8.884/94. São Paulo: Saraiva, 1995, p. 5.
[124] SILVA, Américo Luís Martins da. *A ordem constitucional econômica.* Rio de Janeiro: Lumen Juris, 1996, p. 58.
[125] SILVA, Américo Luís Martins da. *A ordem constitucional econômica.* Rio de Janeiro: Lumen Juris, 1996, p. 58.

princípio da livre iniciativa e da livre concorrência seus fundamentos últimos".[126]

A promoção da tutela ao referido segmento assegura

> [...] indiretamente, a manutenção e ampliação do princípio da livre iniciativa, permitindo que novas empresas, ainda que com estrutura reduzida ou diminuta, possam aventurar-se em mercados já povoados por grandes empresas. Também a livre concorrência é valorizada pelas medidas constitucionais de beneficiar tais empresas, na medida em que permite a essas empresas manterem-se no mercado, apesar de seu porte, por força dos privilégios.[127]

O anseio do Constituinte de 1988 aponta para a necessidade de coexistência de todos os agentes econômicos no mercado. Não há fundamento para tolerar o domínio de alguns, em detrimento de outros, o que efetivamente redundaria na deformação dos valores constitucionalmente preservados.

2.2 O Estado interventor e as relações contratuais

A síntese de tudo o que foi até aqui exposto outra não é senão a reflexão de como seria um Estado marcado por profundas desigualdades sociais, como o brasileiro, se uma liberdade desmedida permeasse seu ordenamento jurídico. A resposta nos parece evidente: a riqueza ficaria cada vez mais concentrada e as desigualdades aumentariam.

Não se defende a extinção do mercado e a entrega da atividade econômica ao Estado. Essa medida não iria contrariar somente a ordem econômica nacional. Iria contrariar o mundo! O que se defende é o contrário: é o pleno funcionamento do mercado, assegurada a pluralidade – e coexistência – de todos os agentes econômicos, igualitariamente. Para tanto, deve estar sujeito a certos condicionamentos para a sua própria preservação.

> Cabe ao Estado e a seu governo, em cada momento, estabelecer o delicado equilíbrio entre o desenvolvimento econômico e a distribuição

---

[126] TAVARES, André Ramos. *Direito Constitucional Econômico*. São Paulo: Método, 2003, p. 232-233.
[127] TAVARES, André Ramos. *Direito Constitucional Econômico*. São Paulo: Método, 2003, p. 232-233.

de renda, entre lucros e salários, entre investimentos e despesas sociais. São alternativas não excludentes, que muitas vezes se somam, mas que, com a mesma frequência, se opõem.[128]

Observamos que a intervenção do Estado se justifica pelo fracasso do mercado em, por si só, garantir a livre concorrência. Ele assume tarefas que, sem a sua interferência, perturbariam o funcionamento adequado do mercado, ensejando a formação de estruturas de mercado não competitivas. Mas a sua atuação tem a ver, também, com "critérios de equidade na distribuição". Isto é: sendo insuficientes os "puros e naturais critérios econômico-capitalistas", é necessária a intervenção estatal para a redução das desigualdades, pois o "Estado assume o compromisso de atuar na justiça distributiva, buscando uma justa distribuição da renda".[129]

O Professor Vicente Bagnoli esclarece, com maestria, que o princípio do tratamento favorecido e diferenciado dispensado ao segmento das pequenas empresas pode ser interpretado como

> [...] uma forma do Estado de intervir na liberdade econômica, privilegiando o empresário que está disposto a investir no desenvolvimento de sua região e viabilizar o pleno emprego. Por outro lado, o tratamento diferenciado pode ser interpretado como uma forma de o Estado nivelar o campo de jogo (*the level playing field*), para assegurar condições mínimas ao pequeno estabelecimento empresarial de competir no mercado com concorrentes maiores e mais aptos à disputa.[130]

Diante disso, sob o crivo etimológico, a dicção do termo constitucional inerente ao tratamento "favorecido" e "diferenciado" pode mesmo ter sido "infeliz", conforme os ensinamentos do Professor Fabiano Dolenc Del Masso. A pretensão não é oferecer vantagem a qualquer agente econômico, mas atribuir um tratamento "compatível" à capacidade de cada qual no mercado.

É que, em regra, a atividade econômica não pode ser tratada de forma diferenciada. Então, o que o legislador quis dizer é que a atividade

---

[128] BRESSER-PEREIRA, Luiz Carlos. *Conceito histórico de desenvolvimento econômico*. São Paulo: FGV EESP, 2006, p. 11-12.
[129] FONSECA, João Bosco Leopoldino da. *Direito Econômico*. Rio de Janeiro: Forense, 2014, p. 206.
[130] BAGNOLI, Vicente. *Direito Econômico*. São Paulo: Atlas, 2013, p. 83.

empresária realizada por pequenos empresários merece tratamento compatível com essa condição no cenário produtivo nacional.[131]

É por isso que a Constituição da República converge esforços para assegurar uma liberdade vigiada, em que os agentes se relacionam economicamente, mas encontram no Estado o limite para contenção de abusos e manutenção de um mercado plural e competitivo.

E se o contrato constitui um importante mecanismo de relacionamento entre os agentes econômicos, aqui a perspectiva não pode ser diferente.

Ficou no passado, ainda sob a égide do Estado Liberal, o reinado da mais ampla e irrestrita liberdade contratual, em que o interesse e os efeitos daquilo que se pactuava, assim como das condições estabelecidas, diziam respeito, exclusivamente, às partes envolvidas.

Humberto Theodoro Júnior recorda que, à exceção de raras limitações previstas em lei, era a autonomia da vontade que presidia o destino dos pactos celebrados entre os contraentes. Tratava-se de um sistema contratual com inspiração notadamente no indivíduo, limitando-se, "subjetiva e objetivamente à esfera pessoal e patrimonial dos contratantes".[132]

As linhas mestras que permeavam o liberalismo contratual eram consubstanciadas: (i) no alvedrio da convenção, estabelecendo-se tudo o que a ordem pública não proibisse; (ii) na obrigatoriedade de cumprimento do ajuste, o que significa que os contratos deveriam ser executados tal como suas cláusulas prescreviam; e (iii) nos efeitos da relação contratual, que não ultrapassava o âmbito de suas partes.

Esse conjunto de valores é intitulado por Humberto Theodoro Júnior como os princípios clássicos da teoria liberal do contrato, assim conceituados:

> [...] a) o da *liberdade contratual*, de sorte que as partes, dentro dos limites da ordem pública, podem convencionar o que quiserem e como quiserem; b) o da *obrigatoriedade do contrato*, que se traduz na força de lei atribuída às suas cláusulas (*pacta sunt servanda*); e c) o da *relatividade dos efeitos contratuais* segundo o qual o contrato só vincula as partes da

---

[131] MASSO, Fabiano Dolenc Del. *Direito Econômico esquematizado*. São Paulo: Método, 2015, p. 71.
[132] THEODORO JÚNIOR, Humberto. *O contrato e sua função social*. Rio de Janeiro: Forense, 2008, p. 1.

convenção, não beneficiando nem prejudicando terceiros (*res inter alios acta neque nocet neque prodest*).[133]

Interessante notar que o teor conceitual projetava nos polos contraentes os únicos destinatários dos efeitos da relação, sem nenhuma preocupação profunda – ou quase inexistente – com os aspectos sociais do contrato.

Mas, sob o manto dos valores preservados pela atual Constituição, os ditames da justiça social repercutiram efeitos sobre as relações contratuais disciplinadas pelo Código Civil de 2002 e "Nessa altura é inegável que o direito contratual não se limita aos três princípios clássicos da liberdade de contratar, da força obrigatória das convenções e da relatividade de seus efeitos".[134]

Antes mesmo da entrada em vigor da atual Lei Civil, o professor Antonio Junqueira de Azevedo emitiu um parecer, em abril de 1998, oriundo de consulta a ele formulada, onde enfrentou essa temática da evolução principiológica dos contratos rumo à assunção de preceitos sociais. Confiramos:

> Estamos em época de hipercomplexidade, os dados se acrescentam, sem se eliminarem, de tal forma que, aos três princípios que gravitam em volta da autonomia da vontade e, se admitido como princípio, ao da ordem pública, somam-se outros três – os anteriores não devem ser considerados abolidos pelos novos tempos, mas, certamente, deve-se dizer que viram seu número aumentado pelos três *novos princípios*. Quais são esses novos princípios? A boa-fé objetiva, o equilíbrio econômico do contrato e a função social do contrato.[135]

Essa linha evolutiva de interpretação dos contratos teve seu apogeu no segundo pós-guerra, período em que

> [...] grande parte dos países adotou em suas constituições um conteúdo mais amplo, que não se limitasse à mera estruturação do Estado e que

---

[133] THEODORO JÚNIOR, Humberto. *O contrato e sua função social*. Rio de Janeiro: Forense, 2008, p. 1-2.
[134] THEODORO JÚNIOR, Humberto. *O contrato e sua função social*. Rio de Janeiro: Forense, 2008, p. 4.
[135] AZEVEDO, Antonio Junqueira de. Princípios do Novo Direito Contratual e Desregulamentação do Mercado (Parecer). *Revista dos Tribunais*, ano 87, v. 750, abr. 1998, p. 113-120.

protegesse os direitos humanos, seguindo o exemplo das constituições dos Estados Unidos e da França. Essa proteção se deu na medida em que o homem passou a ser valorizado não como agente propulsor do capitalismo, mas como ser humano em suas relações internas. Vale dizer: o homem passou a ser protagonista da vida social e superior a todas as demais coisas que o cerca.[136]

E o princípio da dignidade da pessoa humana repercute um efeito direto nessa questão, porquanto que não se limita à busca da dignidade coletiva na luta contra a fome, a miséria, a má habitação, melhores condições na saúde e na educação, mas também encontra plena ressonância no trato das indignidades individuais advindas de contratos em que prepondera a desigualdade, o descaso pelo direito alheio e o abuso de direito.[137]

Por todas essas razões, vigora, na atualidade, uma forma de interpretação contratual pautada não mais no resultado da vontade das partes e na satisfação de seus interesses egoísticos, exclusivamente. A esses valores se somam a representatividade contratual como "[...] instrumento de convívio social e de preservação dos interesses da coletividade [...]",[138] significados que são manifestados, fundamentalmente, por meio dos princípios da função social do contrato, da boa-fé objetiva e da justiça contratual.

2.2.1 A função social do contrato

Um país que nasceu capitalista[139] e que homenageia esse sistema de produção em dispositivo inaugural de sua Lei Maior (art. 1º), instrumentalizado pela força do princípio da livre iniciativa, não pode deixar de preservar a liberdade contratual. É dizer: os agentes

---

[136] HENTZ, André Soares. *Ética nas relações contratuais à luz do Código Civil de 2002*. São Paulo: Juarez de Oliveira, 2007, p. 69.
[137] POPP, Carlyle. Princípio Constitucional da dignidade da pessoa humana e a liberdade negocial – a proteção contratual no direito brasileiro. In: LOTUFO, Renan (Org.). *Direito Civil Constitucional*. São Paulo: Max Limonad, 1999, p. 172.
[138] HENTZ, André Soares. *Ética nas relações contratuais à luz do Código Civil de 2002*. São Paulo: Juarez de Oliveira, 2007, p. 70.
[139] BRESSER PEREIRA, Luiz Carlos. *Economia brasileira*: uma introdução crítica. 3. ed. São Paulo: Ed. 34, 1998, p. 35.

de mercado contratam porque querem ou porque precisam e são justamente essas tratativas que fazem com que o instituto do contrato exista e atue na circulação de bens e riquezas.

No entanto, tratar da assimetria contratual que acomete agentes econômicos de portes distintos no mercado – tal como é o objetivo do presente trabalho –, significa interpretar essas relações negociais sob a perspectiva social. Daí a importância de trazermos ao debate os conceitos da função social do contrato.

O Código Civil de 2002, em seu artigo 421, expressamente menciona a existência da liberdade de contratar, estabelecendo, como condição para o seu exercício, os limites da função social do contrato.

Como se pode aferir da exposição contida no item anterior, a função social do contrato pode ser concebida a partir da necessidade de se incutir, no ajuste das partes, uma conotação de relevância e interesse não somente desses polos, mas de toda a coletividade.

Em obra contemporânea à nova lei civil, Paulo Nalin registrou que a função social do contrato seria manifestada em duas vertentes: uma no âmbito extrínseco e no âmbito intrínseco.[140]

No primeiro caso, haveria a preocupação dos efeitos do contrato em face das relações sociais e econômicas, neutralizando o princípio clássico da relatividade dos efeitos do contrato (efeito adstrito às partes).

Nesse âmbito, o conceito da função social do contrato deve ser situado "[...] no relacionamento externo dos contratantes com terceiros, ou seja, com o meio social".[141]

É o que Calixto Salomão Filho define como "efeitos sociais" do contrato, "[...] que nada mais são que a identificação dos interesses de terceiros dignos de tutela e passíveis de serem afetados pelas relações contratuais".[142]

No segundo (âmbito intrínseco), a função social do contrato estaria adstrita às partes contraentes, preocupando-se com a observância do princípio da igualdade material existente entre elas.

---

[140] NALIN, Paulo. A função social do contrato no futuro Código Civil Brasileiro. *Revista de Direito Privado*. São Paulo, Revista dos Tribunais, 2002, v. 12, p. 56, out./dez./2002.

[141] THEODORO JÚNIOR, Humberto. *O contrato e sua função social*. Rio de Janeiro: Forense, 2008, p. 48.

[142] SALOMÃO FILHO, Calixto. Função Social do Contrato: Primeiras Anotações. *Revista de Direito Mercantil*. São Paulo: Malheiros, 2003, v. 132, p. 10, out-dez.

Estabelecer, no entanto, a função social do contrato a partir da igualdade entre as partes da relação negocial, significa dizer que o contrato tem por objetivo (função) promover a igualdade dos contratantes. Mas esses polos não são iguais! O "[...] contrato jamais terá semelhante *objetivo* porque não se trata de instrumento de assistência ou de amparo a hipossuficientes ou desvalidos".[143]

Obviamente que, tratando-se de contrato, as partes jamais serão iguais nesse aspecto, porque todo contrato envolve, por essência, interesses antagônicos: uma almeja, por exemplo, fornecer um produto e cobrar um valor lucrativo, enquanto a outra anseia por adquirir tal produto por um valor vantajoso.

Os interesses são, de fato, divergentes. Portanto, é incoerente a tese de que a função social do contrato seria a de igualar os contratantes, especialmente porque trata-se de "[...] instrumento naturalmente destinado à função específica de realizar a circulação dos bens patrimoniais entre pessoas diferentes e que atuam com objetivos distintos no relacionamento jurídico estabelecido".[144]

É claro que essa imprestabilidade aduzida por Humberto Theodoro Júnior somente pode recair sobre a igualdade dos *interesses* envolvidos na relação contratual. É verdade, portanto, que esse tipo de igualdade não reflete a função social do contrato.

Contudo, o mesmo não se pode afirmar sobre a igualdade das partes enquanto sujeitos dessa mesma relação contratual. Isto é: a função social do contrato irradia efeitos sobre as características das partes contraentes, tais como seus portes, suas naturezas jurídicas, suas capacidades técnicas, econômicas etc. Esse é um tipo de igualdade que precisa ser considerado quando se reflete sobre a função social do contrato.

Nessa esteira, Antonio Junqueira de Azevedo ensina que a função social do contrato deve ser extraída dos princípios que regem a Ordem Econômica Nacional (art. 170, *caput*, da Constituição Federal), uma vez que "[...] os contratos devem estabelecer-se

---

[143] THEODORO JÚNIOR, Humberto. *O contrato e sua função social*. Rio de Janeiro: Forense, 2008, p. 46.
[144] THEODORO JÚNIOR, Humberto. *O contrato e sua função social*. Rio de Janeiro: Forense, 2008, p. 47.

numa 'ordem social harmônica', visando inibir qualquer prejuízo à coletividade, por conta da relação estabelecida".[145]

Isso significa que, muito embora a "[...] função social do contrato deva ser compreendida em relação aos reflexos do contrato sobre a sociedade (terceiros)",[146] ela possui um vínculo estreito com a justiça social, com a manutenção da livre iniciativa, com fatos que mitiguem a livre concorrência, que atentem contra o meio ambiente e, também, que reflitam na desigualdade das partes contraentes e o possível desnível que possa entre elas existir.

Esse enfoque deriva da importância do contrato para as relações econômicas, não sendo crível que o Estado, por força do conjunto principiológico encabeçado pela Ordem Econômica Nacional, permaneça alheio à sobreposição de vontade e os abusos impostos pelo poderio econômico das grandes organizações, intimidando o exercício de outros agentes econômicos menos favorecidos econômica e socialmente. Tais práticas distorcem a própria razão existencial do instituto contratual.[147]

2.2.2 A boa-fé objetiva nas relações contratuais

André Soares Hentz alerta que o dever da boa-fé não é novo em matéria contratual e sua existência não é fruto da socialização do direito, mas remonta ao Direito Romano, em que a *fides* era o ponto de partida para as relações da vida civil, sendo que, a partir dela, desenvolveu-se a *bona fides*, que representava uma margem de liberdade atribuída a um julgador, para que, por exemplo, condenasse alguém a fazer "[...] o que um homem honesto faria se

---

[145] AZEVEDO, Antonio Junqueira de. Princípios do novo Direito Contratual e desregulamentação do mercado (parecer). *Revista dos Tribunais*, ano 87, v. 750, abr. 1998, p. 113-120.

[146] HENTZ, André Soares. *Ética nas relações contratuais à luz do Código Civil de 2002*. São Paulo: Juarez de Oliveira, 2007, p. 84.

[147] André Soares Hentz recorda que "[...] em virtude das distorções provocadas mormente a partir da segunda metade do século XIX, ao invés da garantia da livre manifestação da vontade dos contratantes, observou-se que a parte social ou economicamente mais fraca não mais manifestava sua vontade de forma plena, pois a pretensa isonomia das partes não era mais observada em razão do poderio econômico das grandes corporações". (HENTZ, André Soares. *Ética nas relações contratuais à luz do Código Civil de 2002*. São Paulo: Juarez de Oliveira, 2007, p. 79).

estivesse em seu lugar", tudo sem qualquer base legal, mas apenas pautado em "juízos e boa-fé".[148]

O autor menciona, ainda, que durante a Idade Média, o direito civil era fortemente influenciado pelo direito canônico e, por conta desse fato, a boa-fé adquiria uma conotação ética equiparada ao pecado, fazendo com que seus benefícios fossem concedidos somente àqueles que a preservassem desde o início das tratativas. Contudo, na Idade Moderna o cenário mudou: o consensualismo que deu origem à teoria clássica dos contratos fez com que a boa-fé fosse sucumbida pela autonomia da vontade.[149]

Posteriormente – recorda – a boa-fé foi positivada em 1804 pelo Código Civil de Napoleão, seguido pelo Código Civil Alemão em 1900 e, depois, pelos Códigos Italiano, Português e Espanhol, nos anos de 1942, 1966 e 1974, respectivamente.[150]

Na legislação brasileira, a ordem cronológica de aparição da boa-fé foi a seguinte: (i) Código Comercial de 1850, artigo 131; (ii) Código Civil de 1916; (iii) Código de Defesa do Consumidor de 1990; e (iv) Código Civil de 2002, no qual atingiu seu "apogeu no ordenamento jurídico pátrio", porque

> [...] deixou de ser utilizada apenas em casos de ignorância escusável (aspecto subjetivo), passa a incidir também como fonte de deveres autônomos sobre todos os contratos, sejam eles civis ou empresariais, não ficando mais restrita às relações contratuais consumeristas (aspecto objetivo).[151]

O atual Código Civil Brasileiro trata desse princípio em três disposições distintas, mas "ideologicamente conexas", por meio das quais se estabelecem: a) obrigações de agir, segundo a probidade e a boa-fé e independente dessa previsão em cláusulas. Trata-se da "função integrativa" da boa-fé objetiva (art. 422); b) que "os

---

[148] HENTZ, André Soares. *Ética nas relações contratuais à luz do Código Civil de 2002*. São Paulo: Juarez de Oliveira, 2007, p. 95-96.
[149] HENTZ, André Soares. *Ética nas relações contratuais à luz do Código Civil de 2002*. São Paulo: Juarez de Oliveira, 2007, p. 96.
[150] HENTZ, André Soares. *Ética nas relações contratuais à luz do Código Civil de 2002*. São Paulo: Juarez de Oliveira, 2007, p. 96-97.
[151] HENTZ, André Soares. *Ética nas relações contratuais à luz do Código Civil de 2002*. São Paulo: Juarez de Oliveira, 2007, p. 100.

negócios jurídicos devem ser interpretados conforme a boa-fé e os usos do lugar de sua celebração". É o que se denomina "função interpretativa" da boa-fé objetiva (art. 113), e; c) como ato ilícito o exercício de um direito que "excede manifestamente os limites impostos pelo seu fim econômico ou social, pela boa-fé ou pelos bons costumes". Aqui a função exercida sobre a boa-fé é "limitativa" (art. 187), pois constitui um óbice, uma repriminda em razão do exercício exorbitante de um direito.[152]

Essa forma de interpretação – a partir da boa-fé – deve recair sobre as três fases amplamente conhecidas de qualquer relação negocial. São elas: fase das tratativas iniciais ("pré-contratual"), em que as partes geralmente exteriorizam seus anseios e avaliam as obrigações que serão assumidas; fase contratual ("responsabilidade contratual"), em que as partes efetivamente executam o contrato e; fase pós-contratual ("responsabilidade pós-obrigacional"), momento em que o contrato já foi cumprido, restando o seu "rescaldo".[153]

A inspiração dessa sistemática de interpretação é buscar o rompimento com as "noções positivistas e egoísticas da autonomia da vontade no domínio do contrato", tendo como propósito compatibilizar a interpretação das disposições convencionadas com os "anseios éticos do meio social em que o contrato foi ajustado".[154]

É por isso que a aplicação da boa-fé, enquanto instrumento de interpretação, tem atuação principal no âmbito dos efeitos das relações contratuais, tendo como parâmetro o resultado que se espera de negócios de determinada natureza, com base, também, nos usos e nos meios sociais.

> [...] o que prevalece na interpretação de um contrato é o sentido que usualmente o ajuste teria na ótica do meio social, se nenhuma ressalva clara se fez na convenção. Em outros termos: o contratante tem, segundo a boa-fé objetiva, que se sujeitar a reconhecer os usos

---

[152] THEODORO JÚNIOR, Humberto. *O contrato e sua função social*. Rio de Janeiro: Forense, 2008, p. 21-23.
[153] THEODORO JÚNIOR, Humberto. *O contrato e sua função social*. Rio de Janeiro: Forense, 2008, p. 24.
[154] THEODORO JÚNIOR, Humberto. *O contrato e sua função social*. Rio de Janeiro: Forense, 2008, p. 25.

sociais, se não manifestou inequivocamente perante a outra parte sua vontade divergente.[155]

Esse princípio insurge-se contra a "malícia", geralmente perpetrada nas relações contratuais por métodos evasivos, criação de condições pouco claras ou duvidosas, com o propósito de obter vantagens destoantes de determinadas modalidades de negócios. Mas o juiz, diante de uma manobra desse jaez, fará valer uma interpretação harmônica com as pretensões de correção e honestidade, e não sob o disfarce oferecido pela esperteza e pela má-fé.[156]

Humberto Theodoro Júnior esclarece que não se trata de substituir ou modificar a vontade das partes, mas de "interpretar" as lacunas daquilo que foi pactuado, tendo como base obrigações e direitos que seriam comuns em negócios daquela natureza, sob a ótica de pessoas honestas. Ou, ainda, trata-se de "negar efeito" ao negócio jurídico – ou a qualquer de suas cláusulas –, quando constatado que a má-fé prevaleceu sobre a boa-fé.[157]

Necessário recordar que essa forma de intervenção nas relações contratuais não é exclusividade do Brasil. Ao final do século XIX e início do século XX, as cortes americanas, assim como os doutrinadores, desenvolveram a teoria do acordo, por meio da qual o Direito intervém quando as estipulações contratuais são descumpridas. O princípio nuclear dessa teoria é a possibilidade legal de executar as estipulações que fazem parte do pacto. Caso contrário, a execução é inviável.

> In the late nineteenth and early twentieth centuries, Anglo-American courts and legal commentators developed the "bargain theory of contracts" [...] the bargain principle: a promise is legally enforceable if it is given as part of a bargain; otherwise, a promise is unenforceable.[158]

---

[155] THEODORO JÚNIOR, Humberto. *O contrato e sua função social*. Rio de Janeiro: Forense, 2008, p. 26-27.
[156] THEODORO JÚNIOR, Humberto. *O contrato e sua função social*. Rio de Janeiro: Forense, 2008, p. 27.
[157] THEODORO JÚNIOR, Humberto. *O contrato e sua função social*. Rio de Janeiro: Forense, 2008, p. 28.
[158] COOTER, Robert; ULEN, Thomas. *Law and Economics*. Califórnia: Addison Wesley Longman, 2000, p. 178-179.

Ressalvadas as diferenças econômicas e políticas entre Brasil e Estados Unidos, consubstanciadas, fundamentalmente, nos diferentes níveis de desigualdades sociais e a opção por maior ou menor liberdade dos mercados de cada qual, o que se verifica, por meio da obra relatada, é a amplitude da liberdade que é conferida às partes no momento da estipulação de suas vontades. Ainda assim, é certo que o Estado norte americano, por meio de suas cortes, protege a parte que foi induzida a determinado entendimento sobre a avença, tornando sua interpretação executável judicialmente.

> The bargain theorists distinguished three conditions: offer, acceptance, and consideration.
> [...]
> Regardless of form, each bargain involves reciprocal inducement: the promisee gives something to induce the promisor to give the promise, and the promisor gives the promise as inducement to the promisee. Common law uses the technical term *consideration* to describe what the promisee gives the promisor to induce the promise.
> [...]
> According the bargain theory, the contract remains incomplete until the promisee gives something to the promisor to induce the promise. When completed, the contract becomes enforceable. In other words, consideration makes the promise enforceable.[159]

Veja-se, contudo, que essa força executória da interpretação também exige o cumprimento de um pressuposto bastante próximo da boa-fé constante em nosso ordenamento jurídico: a proporcionalidade entre a interpretação (o que se espera da outra parte) e o conteúdo contratual, uma vez que "a contract is fair when the value of the promise is proportional to the value of the consideration".[160]

Perceptível, portanto, que a questão de interpretações exorbitantes, não usuais, que podem favorecer uma das partes contraentes, em detrimento da outra e, quiçá, mal-intencionadas, é rechaçada mesmo em sede de culturas e economias tidas como desenvolvidas e com menor intensidade de desigualdade social.

---

[159] COOTER, Robert; ULEN, Thomas. *Law and Economics*. Califórnia: Addison Wesley Longman, 2000, p. 179-180.

[160] COOTER, Robert; ULEN, Thomas. *Law and Economics*. Califórnia: Addison Wesley Longman, 2000, p. 180.

2.2.3 Justiça contratual

A justiça contratual é inspirada pela equidade, rompendo com o perfil dogmático absoluto da obrigatoriedade dos contratos (*pacta sunt servanda*). Obviamente que esse preceito decorre da própria natureza do instituto contratual. Isto é: a expressão da vontade das partes, materializadas em cláusulas. Mas não é ele próprio a segurança das partes contraentes. A segurança jurídica dos polos se edifica, agora, sobre a ideia de que

> [...] a justiça contratual reside na comutatividade da relação, pois a atual segurança jurídica se situa na condição de poderem os contratantes cumprir com as suas respectivas obrigações, sem sobressaltos, abusos ou excessos.[161]

A comutatividade significa que as partes devem conhecer o ambiente contratual em que estão (ou serão) envolvidas, construindo, a partir daí, o princípio da equidade enquanto fundamento da "justiça que deve imperar no contrato, seja ele de longa duração ou não". Isso significa que as parcelas do ajuste, reciprocamente devidas, nunca poderão estar desajustadas ou ensejar perdas no decorrer da execução contratual.[162]

Esse princípio, o da justiça contratual, também é conhecido por "princípio da equivalência contratual", e tem como propósito

> [...] vedar possíveis incongruências e a ausência de equivalência das posições dos contratantes [...] procura garantir a equivalência entre a prestação e a contraprestação, isto é, uma proporcionalidade entre uma e outra.[163]

A boa-fé objetiva está totalmente interligada ao princípio da justiça contratual e a antecede, situando-se na base da comutatividade contratual, porque atua como mecanismo inibitório da inclusão de

---

[161] NALIN, Paulo. *Do contrato:* conceito pós-moderno: em busca de sua formulação na perspectiva civil-constitucional. Curitiba: Juruá, 2001, p. 142.
[162] NALIN, Paulo. *Do contrato:* conceito pós-moderno: em busca de sua formulação na perspectiva civil-constitucional. Curitiba: Juruá, 2001, p. 143.
[163] GUILHERME, Luiz Fernando do Vale de Almeida. *Função social do contrato e contrato social.* São Paulo: Saraiva, 2013, p. 117.

cláusulas abusivas ou que, de qualquer forma, estabeleçam algum tipo de distanciamento econômico entre as partes e as obrigações por elas assumidas. Diz-se, portanto, que a justiça contratual é pautada na equivalência econômica e, também, na boa-fé,[164] assunto pertinente, portanto, quando se estuda os contratos celebrados entre pequenas e grandes unidades produtivas.

2.3 A hipossuficiência das pequenas empresas no mercado

Os temas até aqui estudados oferecem parâmetros conceituais importantes para a compreensão da vulnerabilidade das pequenas empresas no mercado. Isso porque, como vimos, houve um tempo em que foi considerado justo que o polo contratual mais forte impusesse sua vontade para elevar ao máximo seus lucros e vantagens, em detrimento da parte mais fraca dessa relação.

A Constituição vigente, contudo, impõe uma série de valores que visam a preservar o jogo do mercado e equilibrar as forças dos agentes econômicos que o habitam. É dizer: valores capitalistas – consistentes, fundamentalmente, na liberdade de iniciativa e, como corolário dela, o comportamento empreendedor – devem se harmonizar com outros valores de natureza social, tais como a existência digna e a justiça social, os valores sociais do trabalho e o tratamento favorecido e diferenciado à empresa de pequeno porte.

Esse processo de harmonização de valores constitucionais ocorre por meio da intervenção do Estado, que deve incidir nos casos em que essa compatibilidade estiver ameaçada.

O assunto de interesse, aqui, é restrito à intervenção do Estado nas relações contratuais, a qual tem como propósito a proteção de interesses externos ou internos ao contrato. No primeiro caso, a proteção existe para preservar valores constitucionais que irradiam efeitos para o plano coletivo, tais como a função social da propriedade

---

[164] NALIN, Paulo. *Do Contrato:* conceito pós-moderno: em busca de sua formulação na perspectiva civil-constitucional. Curitiba: Juruá, 2001, p. 144.

e do meio ambiente. Para a proteção de interesses internos, no entanto, a proteção visa a assegurar valores constitucionais que se relacionam com os interesses dos polos da contratação, tais como a dignidade da pessoa humana, valores sociais do trabalho e a igualdade entre as partes.[165]

Paula Castello Miguel afirma que a intervenção para a proteção de interesses contratuais internos é legítima quando há desigualdade entre as partes na relação contratual. Havendo, por outro lado, equilíbrio entre os polos da relação, cada qual é capaz de evitar que os valores sociais sejam agredidos.[166]

A autora fundamenta seu posicionamento, esclarecendo que a intervenção em contratos que dela não necessitam, porque suas partes são iguais, não atende ao princípio da razoabilidade, o qual "exige que sejam escolhidos os meios mais adequados para obtenção dos fins de determinada medida". Nesses casos, a proporcionalidade também estaria desatendida, porquanto que a intervenção "não é a forma menos onerosa, de menor ingerência possível, pois há interferência em relação jurídica que não a demanda".[167]

Para traçar essa diferença entre relações estabelecidas por contratantes iguais e desiguais, é preciso haver um critério discriminador, um fator que diferencie quem é igual e quem não é. À luz do princípio constitucional de apoio à pequena empresa, o critério de discriminação eleito será a hipossuficiência econômica desse segmento, sobretudo por ser esse o juízo que a diferenciou das demais, desde o seu surgimento na economia brasileira, no plano constitucional e, também, como vimos, na esfera infraconstitucional. Afinal de contas, conforme ensinamentos de Celso Antônio Bandeira de Mello, o "discrímen legal" deve, fundamentalmente, observar os seguintes pressupostos: (i) deve estar em sintonia com a isonomia; (ii) os elementos desequiparados pela regra de direito devem ser,

---

[165] MIGUEL, Paula Castello. *Contratos entre empresas*. São Paulo: Revista dos Tribunais, 2006, p. 124.
[166] MIGUEL, Paula Castello. *Contratos entre empresas*. São Paulo: Revista dos Tribunais, 2006, p. 124.
[167] MIGUEL, Paula Castello. *Contratos entre empresas*. São Paulo: Revista dos Tribunais, 2006, p. 125.

efetivamente, distintos entre si; (iii) deve haver uma correção lógica entre os fatores diferenciais existentes e a distinção de regime jurídico que os envolve, e (iv) que essa correlação lógica seja pertinente, sob a égide dos interesses protegidos constitucionalmente. Significa afirmar: é preciso que

> [...] *in concreto*, o vínculo de correlação suprarreferido seja pertinente em função dos interesses constitucionalmente protegidos, isto é, resulte em diferenciação do tratamento jurídico fundada em razão valiosa – ao lume do texto constitucional – para o bem público.[168]

Obviamente que a vulnerabilidade é, também, um critério interessante, por ter sido o elemento fundamental de toda a proteção jurídica que hoje é dispensada em favor do consumidor,[169] assim como o princípio da proteção que recai sobre o trabalhador, também hipossuficiente na relação contratual e, portanto, muito semelhante àquela que envolve os pequenos empreendimentos.[170]

No entanto, sendo o vulnerável aquele que é considerado o "lado fraco" de um assunto ou de uma questão,[171] esse conceito é perfeitamente compatível com o critério da hipossuficiência econômica, afinal, se uma pequena empresa é aquela que aufere renda bruta anual inferior às outras empresas de maior porte, é intrínseco que ela pode se tornar vulnerável em razão dessa peculiaridade, afinal de contas, ganhos ínfimos quase sempre oferecem a chance de técnicas menos desenvolvidas ou, quiçá, menos competitivas para assegurar a sobrevivência no mercado.

---

[168] BANDEIRA DE MELLO, Celso Antônio. *Conteúdo jurídico do princípio da igualdade*. São Paulo: Malheiros, 2005, p. 41.

[169] Em relação ao consumidor, Rizzatto Nunes esclarece que: "Tal reconhecimento é uma primeira medida de realização da isonomia garantida na Constituição Federal. Significa ele que o consumidor é a parte fraca da relação jurídica de consumo. Essa fraqueza, essa fragilidade, é real, concreta, e decorre de dois aspectos: um de ordem técnica e outro de cunho econômico". (NUNES, Rizzatto. *Comentários ao Código de Defesa do Consumidor*. São Paulo: Saraiva, 2010, p. 194.)

[170] "Temos como regra que se deve proporcionar uma forma de compensar a superioridade econômica do empregador em relação ao empregado, dando a este último uma superioridade jurídica. Esta é conferida ao empregado no momento em que se dá ao trabalhador a proteção que lhe é dispensada por meio da lei". (MARTINS, Sérgio Pinto. *Direito do Trabalho*. São Paulo: Atlas, 2002, p. 75-76.)

[171] FERREIRA, Aurélio Buarque de Holanda. *Novo Dicionário da Língua Portuguesa*. Curitiba: Positivo, 2004, p. 2078.

Não podemos olvidar que é no âmbito da pequena empresa que nascem as novas ideias, novas tecnologias, produtos e serviços. Diga-se mais: muitas dessas empresas de pequeno porte sagram-se vencedoras no mercado em que atuam, se desenvolvem, investem, crescem e se tornam médias e grandes empresas, tudo a partir de sua técnica, de seu conhecimento e outras questões meritórias. De se observar, contudo, que até conquistarem esse patamar – enquanto permanecem como empresas pequenas e com recursos ínfimos – a sua participação no mercado é dificultosa, esbarrando no bloqueio das maiores para ter acesso a um espaço que lhes permita evoluir e crescer, o que requer a intervenção do Estado nesse domínio para equilíbrio das forças.

Portanto, tendo em vista que o presente trabalho está adstrito à análise do estágio em que essas unidades produtivas ainda estão enquadradas como empresas de pequeno porte, o critério da hipossuficiência econômica é o mais legítimo para diferenciá-la dos demais, porque abarca todo o tipo de vulnerabilidade que essa condição pode oferecer.

Múltiplas são as formas de vulnerabilidade que podem resultar em assimetria entre os agentes de mercado. Tratando-se da pequena empresa, contudo, a vulnerabilidade em razão da hipossuficiência econômica pode constituir a explicação para todo tipo de submissão que suporta quando contrata com empreendimentos mais abastados.

Sabemos que a sobrevivência com recursos ínfimos resulta, inevitavelmente, na carência de uma infraestrutura apropriada, quer tecnológica, quer na alocação de pessoal especializado para apoio em atividades burocráticas e, sem dúvida, na própria dependência contratual que todo esse cenário propicia.

Não é por acaso que o próprio Estatuto Federal das Microempresas e Empresas de Pequeno Porte – a Lei Complementar nº 123/2006 –, impulsionada pelos anseios da Constituição Federal, dispensou tratamento diferenciado ao segmento, simplificando, reduzindo ou, até mesmo, eliminando algumas de suas obrigações administrativas.

É o caso, por exemplo, da possibilidade de fazer-se representar por meio de preposto conhecedor dos fatos em audiência trabalhista.

A benesse legal e constitucional representa, sem dúvida, um reconhecimento oficial de que as estruturas da pequena empresa no Brasil são diminutas, sendo que a saída de seu titular – o empresário – do seu local de trabalho para participar de uma audiência no Tribunal pode representar considerável prejuízo às suas atividades negociais, pois, não raro, trabalha sozinho ou com um corpo funcional assaz reduzido.

Esse o anseio, também, de se ter dispensado aos pequenos empreendimentos uma forma simplificada de recolhimento de seus impostos e contribuições. Isso porque o preenchimento de inúmeras guias subtraía o tempo do empresário, tão escasso quanto seus recursos.

Na esteira dessas reflexões sobre a estrutura rudimentar que acomete o cotidiano dos pequenos empreendimentos, podemos facilmente inferir que é muito difícil que uma empresa de pequeno porte conte com uma assistência jurídica presente e que atue em todas as ocasiões, especialmente quando da celebração de instrumentos contratuais com grandes organizações, as quais – quase sempre – possuem corpo jurídico especializado e atuante ou, no mínimo, um profissional do Direito ao seu dispor.

Essa vulnerabilidade estrutural pode repercutir efeitos em dois momentos muito expressivos: (i) por ocasião da celebração do contrato, em que a ausência de um advogado é quase sempre a regra; e (ii) quando há um conflito de interesses, decorrente do mesmo contrato, a ser resolvido em sede judicial ou, até mesmo, arbitral, cuja ausência daquele profissional do Direito pode comprometer significativamente a proteção dos direitos da pequena empresa.

Mas os efeitos de uma diminuta estrutura administrativa não param por aí. Algumas questões de caráter técnico, dependendo do tipo de avença que se pretende celebrar, também podem estar presentes.

É subjacente que uma empresa de grande porte constantemente tem acesso à realização de pesquisas sobre os avanços tecnológicos de determinado bem ou serviço de seu interesse ou, sobretudo, quando é encarregada de seu fornecimento ou prestação.

Também neste aspecto, a empresa menor não vai conseguir acompanhar, reduzindo sua capacidade de avaliar os riscos que o negócio requer, especialmente porque todas as informações sobre o objeto contratual serão repassadas por uma parte nada imparcial:[172] o contraente de grande porte.

Em que pesem as inúmeras variáveis de situações, é possível vislumbrar que todas essas diferenças decorrem das condições sociais e econômicas de cada uma das empresas que compõem os polos da contratação. Ora, se uma empresa é rica e conta com lucros suficientes, tanto para arcar com os custos operacionais de sua atividade e ainda investir em pessoal qualificado e novas tecnologias que aprimoram seu negócio, é estreme de dúvidas que ela pode contar com um aparato mais robusto e, com efeito, tornar-se mais competitiva no mercado, sem a dependência econômica a que está geralmente adstrita.

2.3.1 Assimetria em contratos privados

As linhas iniciais desse capítulo trataram de abordar o conceito da livre iniciativa como sendo, fundamentalmente, o meio legitimado pela Carta Política de 1988 de os agentes ingressarem no mercado e exercerem uma atividade econômica.

Trata-se de um valor preservado pelo Texto Magno, justamente porque consagra uma economia de viés capitalista, muito embora seu significado deva ser interpretado ao lado de outros princípios de conotação social.

Observamos que, já em dispositivo inaugural, a Constituição arrolou, como fundamento da República Federativa do Brasil, tanto a livre iniciativa e, ao seu lado, o valor social do trabalho. O Texto Constitucional expressa que a República constitui-se em Estado Democrático de Direito, tendo como fundamentos, entre outros, os valores sociais do trabalho e da livre iniciativa (art. 1º, inc. IV).

A exatidão da ordem textual faz toda a diferença, pois é a partir dela que se afirma que não somente o trabalho possui valor social, mas também, pela dicção do dispositivo, a livre iniciativa. Ou seja: a Constituição confere um valor social à livre iniciativa,

---

[172] Afirmamos que a parte contraente não é parcial porque o que está em voga, em qualquer relação contratual, são os interesses divergentes das partes.

extraindo-lhe a conotação meramente neoliberal, forçando-a a conviver com outros princípios socializantes.[173]

Tais valores fundam, também, a ordem econômica nacional – é dizer: a livre iniciativa e a valorização do trabalho humano – com a finalidade de assegurar a todos existência digna, homenageando, com isso, a sempre pretensa justiça social (art. 170, *caput*, da Constituição Federal).

Ora, quando a Lei Maior assenta lado a lado dois valores fundamentais, assim o fez porque projeta na livre iniciativa e no valor social do trabalho os meios indispensáveis para que os cidadãos possam conduzir os meios para construção de uma sociedade justa, desenvolvida e contrária à pobreza, à marginalização e às desigualdades (art. 3º e incisos da Constituição Federal).

É dizer: livre iniciativa e trabalho humano se fundem com o objetivo de concreção dos objetivos fundamentais da República Federativa do Brasil.

Não é por outra razão – como afirmamos linhas acima – que se reconhece que a livre iniciativa abarca uma infinidade de formas de trabalho, desde uma forma organizada de exercício de uma atividade econômica, até o trabalho com vínculo empregatício.

> Daí vincular a livre iniciativa à liberdade de trabalho e asseverar que, no âmbito da Constituição de 1988, a liberdade econômica não é desdobramento da noção de propriedade.[174]

As formas de consecução do trabalho se aproximam de forma a ensejar a intervenção do Estado no domínio econômico quando são protagonizadas por um cenário de exploração e hipossuficiência e, nesse caso, estamos claramente nos referindo aos dois exemplos citados, pois configura tanto o caso do trabalho que é exercido no âmbito de uma empresa pequena, por seu titular e demais atores nessa célula econômica, quanto aquele oferecido por um trabalhador a um empregador.

---

[173] CORVAL, Paulo Roberto dos Santos. Os Valores Sociais da Livre Iniciativa. *Revista de Informação Legislativa*, Brasília, a. 43, nº 171, jul./set. 2006, p. 63-80.
[174] CORVAL, Paulo Roberto dos Santos. Os Valores Sociais da Livre Iniciativa. *Revista de Informação Legislativa*, Brasília, a. 43, nº 171, jul./set. 2006, p. 63-80.

Eis a razão, também, de se conjugar os princípios de apoio constitucional às pequenas empresas com os princípios

> [...] da valorização do trabalho e da busca pelo emprego, tendo em vista que, em inúmeros casos, as microempresas constituem-se apenas o meio pelo qual, por exemplo, costureiras, sapateiros, doceiras, perueiros e uma infinidade de cidadãos exercem pequenas atividades de manufatura ou serviços, constituindo um fator de enorme importância para a renda nacional.[175]

No caso do empregado, a lei trabalhista se encarregou de reconhecer, entre outras peculiaridades inerentes, sua dependência econômica com relação ao empregador. É, por isso, também o caso de uma relação assimétrica, chancelada e protegida pelo ordenamento jurídico, por razões que há muito conhecemos.

Ocorre que, por razões muito próximas, também é possível reconhecer características dessa dependência econômica no âmbito das empresas de pequeno porte.

Isso porque não é rara a hipótese em que um pequeno empreendimento, prestador de determinado serviço, pode ficar com sua capacidade negocial reduzida em razão das rígidas exigências impostas por uma grande organização.

Uma situação que pode colocar o pequeno prestador de serviços nessa situação decorre de exigências contratuais de comparecimento em dias e locais determinados, sem margem para negociação.

É certo que, nessas ocasiões, ganha realce exatamente sua diminuta estrutura organizacional – conforme afirmamos alhures – o que torna reduzida sua capacidade de atender a outros tomadores de serviços, resultando, daí, uma espécie de dependência econômica.

Convém destacar que sua hipossuficiência econômica colabora em todos os sentidos para que essa unicidade contratual que o vincula se concretize e se prolongue no tempo, vez que o empresário da pequena empresa projeta nessa situação sua forma mais segura de auferir renda, suprindo suas necessidades básicas e de seu empreendimento.

---

[175] ARAÚJO, Eugênio Rosa de. *Direito Econômico & Financeiro*. Rio de Janeiro: Impetus, 2013, p. 53.

Para melhor compreender essa situação, podemos citar as relações contratuais de longa duração, tais como, de forma geral, os contratos de fornecimento ou prestação de serviços por longo prazo (ou prazo indeterminado) e, especificamente, os contratos de distribuição, que oferecem uma fonte inesgotável de dependência, sobretudo porque a parte mais fraca acaba adaptando todo o seu negócio em razão das diretrizes emanadas do polo contratual dominante.

Neste trecho do trabalho, cuja proposta se restringe a demonstrar as possíveis formas de assimetria em contratos privados, torna-se relevante vislumbrar a existência dessa situação em contratos de distribuição. Nesse passo, é necessário que compreendamos que a atividade negocial pode ser muito mais lucrativa se exercida mediante uma rede de distribuição, que alcance os potenciais consumidores de determinado bem ou serviço.[176]

Com efeito, é comum que os grandes produtores ou prestadores de serviços se valham de múltiplas formas para escoar, no mercado, seus bens e serviços. Pode ser mediante a utilização de seus próprios meios de comercialização, infraestrutura e corpo funcional (empregados), o que a doutrina denomina como "venda direta"; mas pode, também, se valer de outras empresas que assumam esse proceder, prática que recebe o nome de "venda indireta".[177]

As vendas indiretas integram os denominados "acordos verticais",[178] que são pactos por meio dos quais são impostas restrições de toda ordem e que "limitam a liberdade de atuação do distribuidor ou fornecedor",[179] ou seja, da parte menos favorecida dessa relação.

Paula Forgioni esclarece que essas estipulações restritivas estão presentes, geralmente, em todos os contratos *da* distribuição, gênero a que pertencem, além do contrato *de* distribuição, muitos

---

[176] FORGIONI, Paula Andrea. *Contato de distribuição*. 2. ed. São Paulo: Revista dos Tribunais, 2008, p. 44.
[177] FORGIONI, Paula Andrea. *Contato de distribuição*. 2. ed. São Paulo: Revista dos Tribunais, 2008, p. 44-45.
[178] FORGIONI, Paula Andrea. *Contato de distribuição*. 2. ed. São Paulo: Revista dos Tribunais, 2008, p. 49.
[179] FORGIONI, Paula Andrea. *Contato de distribuição*. 2. ed. São Paulo: Revista dos Tribunais, 2008, p. 50.

outros de natureza semelhante e que "viabilizam o escoamento da produção", tais como os contratos de franquia, de agência, de representação comercial e comissão.[180]

Os diferentes conceitos de cada um desses instrumentos não são relevantes aqui. Importa saber é que o contrato de distribuição, com todas as suas peculiaridades, apresenta um traço marcante de possível desequilíbrio das forças dos polos contraentes, sobretudo quando o distribuidor abusa de seu poder e oprime a atividade negocial da parte economicamente mais frágil.

A fragilidade econômica incidente nessa espécie de contrato, aliás, é matéria de debates acadêmicos, como ocorreu em trabalho publicado no âmbito do XXV Encontro Nacional do CONPEDI,[181] realizado no ano de 2016, em Brasília.

Ao analisarem os possíveis critérios, dos quais se pode valer o Poder Judiciário quando da análise da prorrogação compulsória de contratos de distribuição, os autores do trabalho propuseram que essa extensão obrigatória da vigência deve ficar adstrita a contratos de longa duração, uma vez que foram concebidos a partir de uma expectativa de perdurar no tempo, mediante o adimplemento das futuras obrigações estipuladas, solidificando o vínculo entre as partes. Afirmam, ainda, que essa análise é importante justamente porque "[...] nessa qualidade de contratos, resta evidenciada a exacerbação da dependência econômica de uma parte em relação à outra",[182] o que fundamenta a adoção da medida pelo juiz.

No âmbito jurisprudencial, é evidente o reconhecimento de que a relação – em um contrato de distribuição – reveste-se de assimetria.

Em decisão de 2017, exarada nos autos da Apelação nº 0101715-14.2007.8.26.0011, o Tribunal de Justiça do Estado de São Paulo reconheceu a abusividade de poder, por parte do fornecedor de produtos, em razão da rescisão unilateral abrupta do contrato,

---

[180] FORGIONI, Paula Andrea. *Contato de distribuição*. 2. ed. São Paulo: Revista dos Tribunais, 2008, p. 50.
[181] Sigla do Conselho Nacional de Pesquisa e Pós-graduação em Direito.
[182] ALENCAR, Rafael Vieira de; CORTEZ, Maysa Cortez. A ausência de critérios judiciais na prorrogação compulsória dos contratos de distribuição. In: XXV Encontro Nacional do CONPEDI, 2016, p. 445. Disponível em: https://www.conpedi.org.br/publicacoes/y0ii48h0/vgn7y7g7/P81aZ2wXMV469Oyw.pdf. Acesso em: 13 jul. 2017.

fato que repercutiu efeitos sobre a lucratividade da empresa distribuidora, em afronta ao princípio da boa-fé objetiva.[183]

Aduz o Acórdão respectivo que, embora a característica do instituto do contrato seja pautada na prevalência de interesses antagônicos, manifestados, fundamentalmente, em prestações e contraprestações recíprocas às partes, é preciso que haja equivalência entre as obrigações estipuladas, sobretudo porque a segurança de uma relação jurídica depende, significativamente, da boa-fé, da lealdade, da justiça e da confiança que as partes nutrem entre si.

O caso analisado versou sobre uma relação mantida por cerca de quatro décadas, a qual fora formalizada, no entanto, somente no curso do ano de 2005, sendo rescindida apenas quatro meses depois de sua celebração, vez que o fornecedor dos produtos – uma reconhecida empresa do setor farmacêutico – pretendia, unilateralmente, alterar a natureza do contrato, transmudando-o de distribuição de vendas ao varejo para vendas no atacado, sem, contudo, considerar a longevidade da relação estabelecida e, tampouco, abrir espaço para negociação, oportunizando que a empresa distribuidora reunisse condições operacionais, econômicas e mercadológicas para assunção de um projeto de grande vulto, como o proposto.

Com todos esses fatos – tidos como abusivos pela Câmara Julgadora, à luz do princípio da boa-fé, consagrado pelo artigo 422 do Código Civil – e com o rompimento da relação contratual, as vendas da distribuidora sofreram forte retração, com perda no volume de vendas, redução de clientes e perda de faturamento.

Ficou comprovado que a empresa distribuidora não dispunha de limite de crédito para assunção dos compromissos que lhe foram impostos pelo fornecedor dos produtos, constando, ainda, que, embora aquela empresa não atuasse como sua distribuidora exclusiva, a participação do grande fornecedor em seus negócios era expressiva, na ordem de 90% (noventa por cento).

---

[183] BRASIL. Tribunal de Justiça do Estado de São Paulo. *Apelação nº 0101715-14.2007.8.26.0011*. Relator: Thiago de Siqueira. Data de Julgamento: 08 fev. 2017. Décima Quarta Câmara de Direito Privado. Disponível em: https://esaj.tjsp.jus.br/cposg/show.do?processo.foro=990&processo.codigo=RI003JR670000#?cdDocumento=64. Acesso em: 13 jul. 2017.

Resta clara a demonstração da violação a todos os princípios até aqui estudados, o que ensejou o cometimento de práticas abusivas perpetrado em desfavor da parte mais fraca da relação.

Interessante notar que o contrato de distribuição é, por sua própria natureza, um contrato assimétrico e isso não significa que, em toda a ocasião, o contrato vai resultar em uma situação de abuso ou desequilíbrio, pois, como vimos, isso depende da boa-fé a ser praticada pelas partes, da lealdade, da justiça, enfim, da manutenção de todos os valores transcritos acima. Isto é: preservadas essas bases, o fato de o pacto ser celebrado com grandes ou pequenas empresas, hipossuficientes ou não, é totalmente secundário e de menor relevância.

Os problemas surgem quando esses valores não são respeitados e a parte hipossuficiente da relação necessita de apoio, sob pena de amargar prejuízos irreparáveis.

O fato é que, nessas ocasiões, tratando-se de empresas de pequeno porte, os prejuízos suportados são ainda maiores. São maximizados justamente por conta de sua hipossuficiência econômica pré-existente – aliás, pressuposto do seu próprio enquadramento nesse nível empresarial – e cuja disparidade em relação ao outro agente econômico, executor da prática abusiva, é patente.

Veja-se, a esse respeito, importante decisão emanada do Tribunal de Justiça do Estado de Minas Gerais, que revela de perto a assimetria entre as partes de um contrato de distribuição, cujos efeitos são agravados em razão do porte pequeno da empresa distribuidora.

O caso versou sobre uma distribuidora de gás, enquadrada como microempresa que, desde o ano de 1996, manteve contrato de distribuição de gás de cozinha, em caráter de exclusividade, com uma importante e nacionalmente conhecida fornecedora de gás.

Como ponto característico de contratos dessa natureza, a grande fornecedora acompanhava de perto as atividades da distribuidora, impondo regras e cometendo ingerências de toda ordem. Em determinado momento, a fornecedora suspendeu o contrato de forma abrupta, sem justa causa e aviso prévio, razão pela qual a situação econômico-financeira da distribuidora mudou expressivamente, reflexo da queda de seu faturamento mensal.

Diante desse cenário, aquele Tribunal de Justiça concluiu "ao fácil, que, a inadimplência da apelada se deu em decorrência da suspensão do fornecimento de produtos [...]", sendo "inolvidável que, dentre as obrigações das partes no contrato, inclui-se o dever de informação, consectário do princípio da boa-fé objetiva".[184]

Significa que o órgão julgador em Minas Gerais reafirmou a obrigação das partes em prestarem todas as informações necessárias sobre os serviços a serem pactuados, como das caraterísticas do contrato, porque deve prevalecer o objetivo da real ciência do que estão contratando, tudo em homenagem à confiança despertada, de que as prestações da outra parte serão cumpridas, conforme a natureza do ajuste.

Trecho interessante de ser notado é a confirmação de que a rescisão contratual, sem aviso prévio, da distribuição de produtos de marca amplamente reconhecida no mercado, especialmente após longa relação contratual, provoca "imediatas consequências sociais e econômicas".

Essa análise jurisprudencial revela pontos importantes a serem considerados na análise das relações contratuais assimétricas. Isso porque, após longa vigência contratual, o polo mais fraco da relação rompe, significativamente, o seu contato com o resto do mercado, de forma que a eventual ruptura da avença se torna muito arriscada para a pequena empresa, especialmente porque, sem contatos com outros fornecedores, terá uma chance muito reduzida de continuar seu empreendimento.

A exclusividade, típica dessas avenças, reflete a obrigação de comercializar os produtos de determinado fornecedor, ou outros por ele indicados, impedindo o comércio de produtos concorrentes e, ainda, a depender do caso, em território fixado pelo fornecedor, o que envolve conceitos de "divisão de mercado".[185]

Decerto que muitas vantagens podem surgir dessa situação, porque a exclusividade permite definir uma estratégia "racional"

---

[184] Tribunal de Justiça do Estado de Minas Gerais. *Apelação nº 1.0105.04.109473-8/001*. Relator: Lucas Pereira. Data de Julgamento: 24 jun. 2010. Décima Sétima Câmara Cível. Disponível em: http://www4.tjmg.jus.br/juridico/sf/proc_resultado2.jsp?tipoPesquisa2=1& txtProcesso=10947386320048130105. Acesso em: 13 jul. 2017.

[185] FORGIONI, Paula Andrea. *Contato de distribuição*. 2. ed. São Paulo: Revista dos Tribunais, 2008, p. 252-253.

e marcar "presença permanente" em pontos de venda, o que, de fato, pode resultar em uma "objetiva valorização patrimonial", especialmente – reconhece a doutrina – se se tratar de "uma grande indústria que busca a abertura de novos mercados".[186]

Por outro lado, tratando-se de uma pequena distribuidora, sobretudo, tais circunstâncias podem gerar uma "verdadeira prisão econômica", decorrente da dependência que se estabelece entre esse polo contratual de diminuta estatura, em relação ao fornecedor, tipicamente mais forte nesse tipo de relação. Daí a afirmativa de que a cláusula de exclusividade traduz a vontade de se trocar o "risco de uma posição frágil em face de prováveis abusos pela esperança de ganhos".[187]

São inúmeros os prejuízos mercadológicos que um fornecedor (detentor de poder econômico) pode causar. É possível que sua conduta abusiva exerça reflexos sobre seus próprios concorrentes – em uma esfera horizontal externa –, obstruindo o mercado.[188] Mas o enfoque aqui é outro: importa ao nosso estudo o impacto gerado no âmbito vertical interno (é dizer: de cima para baixo e entre partes), empregado pelo fornecedor sobre o seu distribuidor de bens ou serviços, enquadrado como empresa de pequeno porte. Ou seja, é a relação interna entre esses dois agentes que nos interessa e não o debate concorrencial que o tema, naturalmente, estimula.

Quanto maior a parcela de produtos que o polo dominante representar no volume dos negócios do revendedor (e ainda mais no caso de aposição de cláusula de exclusividade) mais difícil será para este impor suas condições, com o justo receio de que aquele possa romper a relação e, portanto, menor será a sua força para pleitear seus interesses, aumentando sua dependência.

Apesar de todas essas inconveniências, a problemática nuclear recai sobre a ruptura do contrato de distribuição. A pequena empresa – geralmente subordinada e dependente – não

---

[186] FORGIONI, Paula Andrea. *Contato de distribuição*. 2. ed. São Paulo: Revista dos Tribunais, 2008, p. 253-254.

[187] FORGIONI, Paula Andrea. *Contato de distribuição*. 2. ed. São Paulo: Revista dos Tribunais, 2008, p. 254.

[188] Exemplo interessante é oferecido por Paula Forgioni, no caso de um fabricante de refrigerantes que impõe aos supermercados cláusula de exclusividade, impedindo que outro fabricante escoe seus produtos por meio daqueles pontos de venda. (FORGIONI, Paula Andrea. *Contato de distribuição*. 2. ed. São Paulo: Revista dos Tribunais, 2008, p. 256).

mede esforços para se sujeitar às vontades e regras que lhe são impostas, com a finalidade maior de evitar o conflito e, sobretudo, o fim do contrato que sustenta seu negócio. O ordenamento jurídico não considera ilegítima a denúncia imotivada do contrato de distribuição celebrado por prazo indeterminado. Entretanto, reconhece o direito à indenização quando a denúncia imotivada for abusiva.

Paula Forgioni realizou um exame sistemático de julgados relacionados aos contratos de distribuição e concluiu que os mesmos podem ser denunciados a qualquer tempo. Mas a denúncia não poderá ser abusiva, assim compreendida aquela que é efetivada sem aviso prévio oferecido com prazo razoável, o que deverá ser apurado de acordo com as características de cada caso. Segundo a autora, os julgados são pautados na necessidade de oferecer ao distribuidor "a oportunidade de redirecionar seus negócios, seja passando a distribuir produtos de outro fornecedor, seja mediante a comercialização de outro bem".[189]

É nítida a preocupação com a ininterrupção da atividade econômica até então exercida pelo contratado dependente. Trata-se, pois, de um limite para que a parte em posição de superioridade não exerça sua hegemonia, extraindo vantagem dessa condição para prejudicar o direito do outro polo da contratação.

E as vantagens que podem, injustamente, advir são inúmeras, pois, diante da rescisão unilateral e imotivada do contrato, o fornecedor pode transferir para si, a custo irrisório ou inexistente, anos de investimento da distribuidora, assumindo sua clientela e sua área de atuação, locupletando-se, em síntese, de toda a atividade mercantil desta, mas sem conceder a ela a possibilidade de ressarcimento dos custos suportados.[190]

O que se extrai é que essa dependência econômica gera maior ou menor liberdade à parte mais fraca para conduzir, a seu modo, suas atividades negociais, justamente por se encontrar em situação de subordinação ao polo contratual privilegiado.

---

[189] FORGIONI, Paula Andrea. *Contato de distribuição*. 2. ed. São Paulo: Revista dos Tribunais, 2008, p. 469-470.

[190] FORGIONI, Paula Andrea. *Contato de distribuição*. 2. ed. São Paulo: Revista dos Tribunais, 2008, p. 458.

Seja trabalhador empregado ou empresário de empresa de pequeno porte e, independentemente do vínculo que os une a seu contratante, o fato é que os contratos caracterizados pela dependência econômica – a depender da relação de poder existente entre os polos – conduzem à subordinação. E isto ocorre porque o mais forte da relação, quase sempre, impõe cláusulas de sujeição e controle, obrigando a parte dependente a se submeter à sua autoridade.

Entre as possibilidades de abuso de poder, a mais nociva ao direito das pequenas empresas contraentes é, sem dúvidas, a ruptura injusta e imotivada da relação contratual, porquanto que, a partir dela, o agente distribuidor de bens ou serviços pode deixar de existir ou, quando menos, ter significativa parcela de sua atividade econômica subtraída, afetando, ainda mais, os seus parcos recursos.

2.3.1.1 Ainda sobre a assimetria em contratos privados: a perspectiva no âmbito do Projeto de Lei nº 1.572/2011

A delimitação do presente trabalho não abarca a vastidão dos debates que envolvem o projeto de lei supracitado, encarregado de instituir o novo Código Comercial. Mas há nele um assunto que muito interessa aos nossos propósitos: a tentativa de se proteger as pequenas empresas, quando envolvidas em relação contratual assimétrica.

A redação originária do Projeto de Lei nº 1572/2011 previu, em seu artigo 306, parágrafo primeiro, que "A assimetria das relações contratuais entre empresários será considerada pelo juiz em razão direta da dependência econômica entre a empresa de um contratante em relação à do outro".[191]

Por meio da Emenda Modificativa nº 28/2012, a redação do parágrafo primeiro passou a prever que a referida assimetria será

---

[191] BRASIL. *Projeto de Lei nº 1572, de 2011*. Institui o Código Comercial. Disponível em: http://www.camara.gov.br/proposicoesWeb/fichadetramitacao?idProposicao=508884. Acesso em: 7 set. 2017.

considerada em razão direta da "manifesta desigualdade econômica entre a empresa de um contratante em relação à do outro".

Ao parágrafo do artigo 306 do projeto de lei, foram acrescidos dois incisos por meio dos quais "notadamente" se reconhece a assimetria contratual. São eles: i) quando houver contrato de adesão ou outro com cláusulas similares firmado entre as partes; ii) quando uma das partes contratantes, situada em um dos polos da relação contratual, for microempresa ou empresa de pequeno porte, assim definidas na Lei Complementar nº 123, de 14 de dezembro de 2006.[192]

A justificativa apresentada é no sentido de que a expressão "relações contratuais assimétricas" tem como propósito coibir o exercício abusivo do poder econômico, impedindo que o "polo contratante que seja mais forte economicamente" imponha condições "arbitrárias ou leoninas às microempresas ou empresas de pequeno porte, reduzindo-lhes a margem de negociação, notadamente quando se configuram contratos de adesão ou similares".[193]

O documento de "justificação", anexo à Emenda Modificativa nº 28/2012, cita o exemplo do contrato de distribuição – o mesmo utilizado neste trabalho – para tratar do assunto da assimetria entre os polos contraentes. No exemplo citado, fica esclarecido que, havendo uma pequena empresa, como distribuidora, e uma grande empresa, como fabricante ou produtora, tal hipótese "seria suficiente haver o exercício abusivo do poder econômico do polo contratante mais forte em relação ao mais fraco". Enfatiza, ainda, o anexo da emenda, que a assimetria advém, geralmente, "da posição de inferioridade ou desigualdade econômica entre as empresas contratantes".[194]

---

[192] BRASIL. *Emenda Modificativa nº 28/2012 ao Projeto de Lei nº 1572, de 2011, que Institui o Código Comercial.* Disponível em: http://www.camara.gov.br/proposicoesWeb/prop_mostrarinteg ra?codteor=1000730&filename=EMC+28/2012+PL157211+%3D%3E+PL+1572/2011. Acesso em: 7 set. 2017.

[193] BRASIL. *Emenda Modificativa nº 28/2012 ao Projeto de Lei nº 1572, de 2011, que Institui o Código Comercial.* Disponível em: http://www.camara.gov.br/proposicoesWeb/prop_mostrarinteg ra?codteor=1000730&filename=EMC+28/2012+PL157211+%3D%3E+PL+1572/2011. Acesso em: 7 set. 2017.

[194] BRASIL. *Emenda Modificativa nº 28/2012 ao Projeto de Lei nº 1572, de 2011, que Institui o Código Comercial.* Disponível em: http://www.camara.gov.br/proposicoesWeb/prop_mostrarinteg ra?codteor=1000730&filename=EMC+28/2012+PL157211+%3D%3E+PL+1572/2011. Acesso em: 7 set. 2017.

A iniciativa corrobora a nossa tese de que a desigualdade econômica, consectária da hipossuficiência econômica, constitui o ponto de partida de todos os debates ora analisados.

Fábio Ulhoa Coelho entende que o reconhecimento da assimetria, no âmbito dos contratos entre empresas, não decorre da hipossuficiência e, tampouco, da vulnerabilidade de um empresário com relação ao outro. Decorre, em sua opinião, de um fenômeno que intitulou como "dependência empresarial", conceituando-a como uma situação de fato, em que uma das empresas, parte do contrato, é obrigada a se organizar segundo as "instruções ditadas pelo outro". E ressalta: embora essa circunstância tenha natureza contratual – e decorra da vontade da empresa dependente –, é revestida de conteúdo restritivo da liberdade organizacional, inclusive no que respeita às decisões negociais do polo mais fraco, uma vez que a empresa mais forte da relação não padecerá dos mesmos males.[195]

A conclusão alcançada pelo jurista tem um fundamento. Mas fundamento que incide na concepção que o esperado Código Comercial quis atribuir ao assunto. É que a análise do autor recai sobre o princípio da proteção do contratante mais fraco, previsto no artigo 303, inciso III, combinado com o *caput* do artigo 306, todos do Projeto de Lei nº 1572/2011. Do mencionado princípio deriva o reconhecimento da relação contratual assimétrica, tratada pelos incisos e parágrafos do artigo 306. E o conceito desse princípio, trazido pelo próprio autor, é muito mais amplo do que a assimetria específica que alcança a pequena empresa em uma relação contratual. Para Fábio Ulhoa Coelho, o princípio da proteção ao contratante mais fraco decorre do fato de a lei não poder "deixar de contemplar instrumentos de proteção dos [seus] legítimos interesses".[196] Legítimos interesses de quem? Do contratado, de qualquer porte, que esteja submetido a uma situação assimétrica qualquer, por inúmeros motivos que não apenas a hipossuficiência econômica.

O significado do princípio da proteção ao contratante mais fraco abarca empresas de todos os portes. Esse o sentido do artigo 303, inciso

---

[195] COELHO, Fábio Ulhoa. *Princípios do Direito Comercial:* com anotações ao Projeto de Código Comercial. São Paulo: Saraiva, 2012, p. 53.

[196] COELHO, Fábio Ulhoa. *Princípios do Direito Comercial:* com anotações ao Projeto de Código Comercial. São Paulo: Saraiva, 2012, p. 52.

III, combinado com o *caput* do artigo 306, todos do projeto de lei. A partir daí o autor formulou seu conceito sobre "dependência empresarial".

No entanto, quando a assimetria contratual recai especificamente sobre a pequena empresa, a hipossuficiência econômica que, necessariamente, as reveste – por todos os fundamentos fáticos, jurídicos, históricos e atuais, lançados no decorrer do presente trabalho – alcança um patamar importantíssimo, posto que, é a partir dessa constatação que se pode alcançar com mais facilidade todas as situações deficitárias arroladas pelo próprio Fábio Ulhoa Coelho, supracitadas, e também no sentido de que as relações contratuais assimétricas são aquelas em que os contratantes não dispõem das mesmas condições econômicas, mercadológicas, etc.[197]

Aliás, é uma verdade absoluta que a pequena empresa não tem facilidade para quase nada: seja para conseguir crédito junto às instituições financeiras, para fornecer à Administração Pública, para desenvolver tecnologia, para ter acesso a uma fatia de mercado vantajosa e, enfim, uma infinidade de benesses práticas – e utópicas – que não estão ao seu alcance. Por outro lado, tem muita facilidade (vale dizer: um verdadeiro pioneirismo), quando o assunto é a disparidade econômica e mercadológica com os seus concorrentes de maior porte. Portanto, não pairam dúvidas de que o critério da hipossuficiência econômica é aplicável à pequena empresa na relação assimétrica, além de outros, mas que são secundários, porque decorrem do primeiro.

Nesse sentido é o próprio conteúdo da Emenda Modificativa nº 28/2012 que, além de inserir na redação do parágrafo primeiro que a assimetria contratual será aferida com fulcro na "manifesta desigualdade econômica" entre as contraentes, previu que essa situação restará configurada, "notadamente", quando uma das partes for classificada como "microempresa ou empresa de pequeno porte, assim definidas na Lei Complementar nº 123, de 14 de dezembro de 2006" (art. 306, §1º, inc. II).[198]

---

[197] COELHO, Fábio Ulhoa. *Princípios do Direito Comercial:* com anotações ao Projeto de Código Comercial. São Paulo: Saraiva, 2012, p. 52.
[198] BRASIL. *Emenda Modificativa nº 28/2012 ao Projeto de Lei nº 1572, de 2011, que Institui o Código Comercial.* Disponível em: http://www.camara.gov.br/proposicoesWeb/prop_mostrarinteg ra?codteor=1000730&filename=EMC+28/2012+PL157211+%3D%3E+PL+1572/2011. Acesso em: 7 set. 2017.

É de bom alvitre registrar que até mesmo as forças parlamentares que se insurgem contra a inserção do princípio da proteção ao empresário economicamente mais fraco, reconhecem que a pequena empresa é merecedora do tratamento diferenciado, reforçando, ainda mais, o nosso entendimento de que os institutos podem vigorar independentes um do outro.[199] É dizer: no âmbito do Projeto de Lei, o princípio da proteção ao empresário economicamente mais fraco (art. 303, III combinado com o art. 306, *caput*) pode ter eficácia, independentemente de a empresa submetida a um contrato assimétrico ser ou não pequena. Um exemplo: a empresa pode ter médio porte e, após celebrar um contrato com uma macroempresa multinacional, o pacto pode ser considerado assimétrico em razão de sua "desigualdade econômica" (art. 306, §1º, da Emenda Modificativa nº 28/2012) ou, também, pelo fato de essa avença constituir um contrato de adesão ou possuir cláusulas similares (art. 306, §1º, inc. I, da Emenda Modificativa nº 28/2012).

De outro lado, o princípio da proteção ao empresário economicamente mais fraco pode assumir outra vertente, totalmente independente da primeira, quando estiver presente a "desigualdade econômica" entre os polos contraentes (art. 306, §1º, da Emenda Modificativa nº 28/2012) e, "notadamente", quando um deles for "microempresa ou empresa de pequeno porte" (art. 306, §1º, inc. II, da Emenda Modificativa nº 28/2012).

E isso não ocorre apenas por boa vontade dos autores da Emenda Modificativa nº 28/2012, que deu nova redação ao texto originário do Projeto de Código Comercial. Ocorre, sobretudo, por força dos princípios constitucionais do tratamento favorecido e diferenciado a que são titulares os empreendimentos de diminuta estatura (art. 170, inc. IX, combinado com o art. 179, ambos da Carta Política de 1988). Significa que o reconhecimento de uma contratação assimétrica pelo fato de uma das empresas ser desigual à outra, diante da ótica econômica e, notadamente, se for empresa

---

[199] BRASIL. *Relatório Parcial do Livro III, referente ao Projeto de Lei nº 1572, de 2011, que Institui o Código Comercial*. Disponível em: http://www.camara.gov.br/proposicoesWeb/prop_mostrarintegra?codteor=1351029&filename=PRP+6+PL157211+%3D%3E+PL+1572/2011. Acesso em: 7 set. 2017.

pequena, torna a regra do art. 306, §1º, inc. II, que acabamos de ver, independente, vigente por si só, com vida própria e, acima de tudo, corolária dos princípios constitucionais de proteção ao segmento, e não só deles, mas de todos os demais que foram amplamente debatidos ao longo desta pesquisa, com destaque para a livre iniciativa e livre concorrência.

Tamanha a força de se observar tais princípios, que aderem à própria preservação do mercado que, conforme analisávamos, nem mesmo o parlamentar contrário à manutenção do princípio da proteção ao empresário economicamente mais fraco contra eles se insurgiu.

Nos termos do Relatório Parcial do Livro III, referente ao Projeto de Lei do Código Comercial, a preocupação com a permanência do princípio da proteção ao empresário economicamente mais fraco é no sentido de que poderá haver tolerância aos erros dos empresários, estimulando a "indolência e incompetência empresariais".

Por sorte, como afirmamos, o parlamentar não comete o mesmo equívoco com relação à situação das pequenas empresas, descrevendo, em seu Relatório Parcial, que

> É certo, a nosso ver, que situações específicas devem ser e, efetivamente, são consideradas. O microempresário e o empresário de pequeno porte [...] devem receber da lei o tratamento condizente com as respectivas condições em que desenvolvem suas atividades empresariais.[200]

Contudo, como o princípio da proteção ao empresário economicamente mais fraco e o tratamento à pequena empresa estão entrelaçados na redação do Projeto de Lei do Código Comercial, no momento em que propôs nova dicção para os assuntos, aproveitou a oportunidade e excluiu ambos.

Resultado disso foi a proposta de manutenção de apenas três princípios do "direito contratual empresarial": i) autonomia da vontade; ii) plena vinculação dos contratantes ao contrato; e iii) reconhecimento dos usos e costumes do comércio.

---

[200] BRASIL. *Relatório Parcial do Livro III, referente ao Projeto de Lei nº 1572, de 2011, que Institui o Código Comercial*. Disponível em: http://www.camara.gov.br/proposicoesWeb/prop_most rarintegra?codteor=1351029&filename=PRP+6+PL157211+%3D%3E+PL+1572/2011. Acesso em: 7 set. 2017.

A alteração proposta constitui um grande retrocesso e nega vigência aos valores preservados pela atual Constituição, em que os ditames da justiça social repercutiram efeitos sobre as relações contratuais, que não mais se limitam "aos três princípios clássicos da liberdade de contratar, da força obrigatória das convenções e da relatividade de seus efeitos".[201] Não se interpreta mais um contrato com fulcro, apenas, no resultado da vontade das partes e na satisfação de seus interesses egoísticos. É preciso considerar a representatividade que esse instrumento de concreção da livre iniciativa, de circulação de riquezas e de movimentação da atividade econômica e do mercado, como um todo, exerce no âmbito coletivo,[202] fruto dos princípios da sua função social, da boa-fé objetiva e da justiça contratual.

Nessa linha de considerações, um relevante posicionamento – emanado da Confederação Nacional do Comércio de Bens, Serviços e Turismo, a CNC – merece ser destacado.

Em manifesta aversão ao posicionamento que contraria a manutenção do princípio da proteção ao empresário economicamente mais fraco no Projeto de Código Comercial, aquela Confederação Nacional esclareceu que a disposição

> [...] não nasceu para sanar ou atenuar possíveis erros por ele [o empresário] cometidos. Não é este o fundamento. O dispositivo do projeto original repousa sobre outro fenômeno inteiramente diverso, QUE É A QUESTÃO DA DOMINÂNCIA, ou seja, quando o empresário mais forte se prevalece desta condição para praticar excessos, valendo-se da dependência econômica entre um e outro, que é uma realidade presente no mercado e que não pode ser olvidada.[203]

Não cabe aqui discutir sobre a viabilidade de um novo Código Comercial, porque a presente tese é delimitada às práticas que afligem, estritamente, o universo da pequena empresa.

---

[201] THEODORO JÚNIOR, Humberto. *O contrato e sua função social*. Rio de Janeiro: Forense, 2008, p. 4.
[202] HENTZ, André Soares. *Ética nas relações contratuais à luz do Código Civil de 2002*. São Paulo: Juarez de Oliveira, 2007, p. 70.
[203] CONFEDERAÇÃO NACIONAL DO COMÉRCIO DE BENS, SERVIÇOS E TURISMO. *Síntese da Manifestação do Grupo de Trabalho da CNC*. Brasília, 2013. Disponível em: https://www.conjur.com.br/dl/grupo-trabalho-gt-cnc.pdf. Acesso em 08 ago. 2017.

Portanto, uma nova codificação poderá ser pertinente se preservar a liberdade de iniciativa e livre concorrência, mas – frisamos – que a interpretação dessas liberdades seja convergente com os princípios da função social do contrato, da boa-fé objetiva, da justiça contratual e do tratamento favorecido e diferenciado às pequenas empresas, a partir do reconhecimento, de um lado, da sua premente hipossuficiência econômica e, de outro, da sua importância para o desenvolvimento do país.

2.3.2 Assimetria em contratos administrativos

A assimetria que acomete a atuação das pequenas empresas não está adstrita ao âmbito privado. Ela ocorre, também, na esfera dos contratos administrativos.

Contratos administrativos são aqueles celebrados pela Administração Pública – ou por quem lhe faça as vezes – com os particulares, possibilitando que estes prestem, executem ou forneçam àquela serviços, obras ou bens.[204]

A regra suprema no ordenamento jurídico brasileiro é no sentido de que essas avenças sejam precedidas de licitação (Constituição Federal, art. 37, inc. XXI), ressalvadas hipóteses muito específicas,[205] todas amparadas pela legislação infraconstitucional que rege a matéria.[206]

No ensinamento de Antonio Cecílio Moreira Pires

> A licitação pode ser definida como procedimento administrativo vinculado destinado a obter a melhor proposta para o contrato de interesse da Administração e promoção do desenvolvimento nacional sustentável. [...] para a celebração de todo e qualquer contrato administrativo, a licitação é a regra que se impõe, salvo as excepcionalidades previstas em lei.[207]

---

[204] GASPARINI, Diogenes. *Direito Administrativo*. São Paulo: Saraiva, 2012, p. 775.
[205] São os casos de dispensa e inexigibilidade de licitação, previstos nos artigos 17, II e §2º, 24 e 25, todos da Lei nº 8.666/93. Tais institutos não interessam ao presente trabalho.
[206] No Brasil, as licitações são disciplinadas, fundamentalmente, pelas Leis nº 8.666/93 e 10.520/02.
[207] PIRES, Antonio Cecílio Moreira. *Direito Administrativo*. São Paulo: Atlas, 2013, p. 37.

A intenção do Constituinte de 1988 foi, sobretudo, possibilitar que os negócios públicos fossem firmados com a garantia de igualdade a todos os particulares interessados.

Isso significa que os particulares concorrem entre si, durante todo o extenso procedimento da licitação, para, ao final, firmarem o contrato administrativo com a Administração Pública.

Esse ambiente de competição é bastante parecido com o que ocorre no mercado privado – é dizer: quando os contratantes são, também, particulares –, com a diferença de que, na esfera das contratações públicas, a escolha do contratado particular (pelo contratante: a Administração Pública) é feita, necessariamente, com base em critérios objetivos impostos por lei.

O Estatuto da Pequena Empresa – Lei Complementar nº 123/2006 – impôs algumas benesses a esse segmento, objetivando equilibrar as forças do mercado concorrencial público, porquanto que a pequena empresa, antes de firmar o contrato (durante a licitação), concorre com outros agentes econômicos de maior porte. Os institutos legais que têm esse propósito foram tratados em item específico deste trabalho, intitulado "As Pequenas Empresas na Atualidade Brasileira".

Mas o assunto, aqui, é outro. Recordemos que os benefícios para apoiar as pequenas empresas recaem sobre as licitações – isto é: na fase que antecede à celebração do contrato – não havendo nenhum dispositivo que equilibre as forças da pequena empresa durante a vigência do contrato administrativo.

Significa que a pequena empresa percorre um longo caminho até a celebração do contrato, usando ou não as benesses legais a que tem direito. Contudo, ao alcançar seu propósito (finalmente contratar com a Administração Pública), a pequena empresa se vê, na extensão da vigência contratual, totalmente desamparada de proteção contra a eventual atuação desmedida do contratante que, por sua natureza pública, naturalmente pode tornar a relação contratual assimétrica.

O tema é relevante porque, no âmbito dos contratos administrativos, o contratante – órgão ou entidade pública, fundamentalmente –, pode exercer prerrogativas que tendem a agredir os direitos da pequena empresa contratada.

São exemplos de prerrogativas, todas reconhecidas por lei: (i) modificar a execução do contrato a cargo do contratante particular; (ii) acompanhar a execução do contrato; (iii) impor sanções previamente estipuladas; e (iv) rescindir por mérito ou legalidade o contrato.[208]

Por se tratar de prerrogativas e, portanto, de "deveres-poderes", "privilégios" da Administração Pública, todos decorrentes das "cláusulas exorbitantes",[209] é certo que, à primeira vista, em todas as hipóteses relacionadas teria cabimento a análise quanto à assimetria da relação contratual. Mas não é bem assim. Primeiro, é preciso analisar em qual dessas circunstâncias o critério de discriminação por nós eleito – a hipossuficiência econômica – pode apresentar maior representatividade.

Nessa esteira, não nos parece que a prerrogativa de modificar, unilateralmente, a execução do contrato, possa comprometer as estruturas da relação contratual. Isso porque, impondo ao contratado particular alterações de natureza quantitativa ou qualitativa, o valor do ajuste sofrerá adaptação a essa nova condição, porque a lei assim impõe e, justamente por ser previsto em lei, tais hipóteses são perfeitamente previsíveis.

Não obstante, o percentual, em termos aditivos, que o contratado particular é obrigado a suportar, nada tem de injusto e desmedido, vez que, nos termos do artigo 65, inciso I, alínea "b", combinado com o parágrafo primeiro, todos do Estatuto Federal das Licitações – Lei nº 8.666/93 –, a Administração pode alterar unilateralmente o contrato para acrescer ou diminuir os quantitativos previstos em seu objeto, no limite de até 25% (vinte e cinco por cento) do valor inicial, no caso de obras, serviços ou compras, sendo que, para o caso de reforma de edifício ou de equipamento, esse percentual pode chegar a 50% (cinquenta por cento).

Trata-se do que a doutrina denomina de "modificações quantitativas", porque estão relacionadas à alteração no valor inicial do contrato, em razão de acréscimo ou supressão quantitativa daquilo que foi pactuado.[210]

Ainda que tais mudanças decorram de imposição, porque o aditamento contratual é unilateral, os valores inicialmente ajustados

---

[208] GASPARINI, Diogenes. *Direito Administrativo*. São Paulo: Saraiva, 2012, p. 807.
[209] GASPARINI, Diogenes. *Direito Administrativo*. São Paulo: Saraiva, 2012, p. 807.
[210] JUSTEN FILHO, Marçal. *Curso de Direito Administrativo*. São Paulo: Revista dos Tribunais, 2014, p. 541.

serão conformados aos novos quantitativos e isso significa que a pequena empresa contratada pela Administração Pública, ao ser compelida a fornecer mais, também ganhará mais. Funciona como um aumento de demanda, o que, sem dúvida, é positivo em um mercado tão competitivo, em que o particular almeja o crescimento de sua atividade econômica e, consequentemente, do lucro. É assim que funciona no mercado privado e, no público, não há mazelas a serem suportadas pelo pequeno contratado da Administração Pública.

O caso da supressão (diminuição do objeto contratado) também não oferece maiores preocupações, pois, se os pagamentos são reduzidos, os quantitativos também são, em nada onerando o particular, seja em termos operacionais e, sobretudo, patrimoniais.

Conclusão idêntica pode ser alcançada quando o caso é de alteração qualitativa do objeto. É dizer: quando é necessário mudar, em razão do interesse público, as especificações do objeto contratual, "para melhor adequação técnica aos seus objetivos" (art. 65, I, "a", da Lei nº 8.666/93).

Isso porque, mesmo nesses casos, o "núcleo do objeto" que foi contratado será preservado,[211] especialmente porque existe, em sede de contratos administrativos, uma série de interesses a serem preservados, além dos interesses do contratado particular, tais como a isonomia e a competição que o precedeu.[212] O que importa é que, ao final das contas, alterando as especificações, mas preservando a natureza do objeto, a pequena empresa -- em um ambiente de legalidade irrestrita – nunca será compelida a fornecer bem, executar obra ou prestar serviço diverso daquele para o qual foi contratada.

O segundo exemplo de prerrogativa da Administração Pública, incidente sobre o contrato administrativo – consubstanciado no acompanhamento da execução do contrato –, também não pode ser interpretado como desfavorável às pequenas empresas contratadas nesse âmbito.

Ora, ainda que não estivéssemos sob a égide do interesse público, das cláusulas exorbitantes ou das prerrogativas inerentes à Administração Pública, o direito, por parte do contratante – seja

---

[211] MEIRELLES, Hely Lopes. *Direito Administrativo brasileiro*. São Paulo: Malheiros, 2014, p. 233.
[212] JACOBY FERNANDES, Jorge Ulisses. *Sistema de registro de preços e pregão presencial e eletrônico*. Belo Horizonte: Fórum, 2006, p. 320.

ele público ou particular –, em obter detalhes sobre determinado produto ou sobre a execução daquilo por que desembolsa parte de seu patrimônio, é inerente a qualquer tipo de ajuste.

Sempre subsistirá algum tipo de sujeição, exercida pelo contratante em relação ao contratado, para que este forneça corretamente ou bem execute aquilo para o qual está sendo remunerado. Dessa forma, seja qual for o âmbito da contratação, a eficiência é esperada por quem contrata e essa necessidade (que é um princípio da Administração Pública – art. 37, *caput*, da Constituição Federal de 1988) também é esperada da pequena empresa, porque seu porte, por si só, não a torna ineficiente em nenhum aspecto.[213]

Para que seja alcançada a correta compreensão da mensagem defendida neste trecho do trabalho, vamos antecipar a última prerrogativa mencionada, para, somente depois, tratarmos daquela que mais interessa ao assunto da assimetria contratual: as sanções administrativas.

Havíamos mencionado que a Administração Pública pode extinguir o vínculo por mérito ou legalidade. Isso significa que, não havendo mais interesse na manutenção do contrato, porque ele se tornou inconveniente e inoportuno, à luz do interesse público, é possível rescindi-lo por mérito. É possível, igualmente, que o vínculo contratual seja desfeito por força de ilegalidade (rescisão por ilegalidade).[214]

Trata-se de comportamentos obrigatórios ao administrador público, vez que a manutenção das avenças – uma vez identificadas a inconveniência, a falta de oportunidade ou a falta de aderência ao ordenamento jurídico – é evidente ofensa ao princípio da legalidade.[215]

Diogenes Gasparini recorda que, não obstante todos os poderes da Administração Pública, a ordem legal ampara o particular contra os prejuízos decorrentes de tais atos, posto que

---

[213] A pequena empresa pode trabalhar com recursos ínfimos, ter chances reduzidas de competitividade, ter maior dificuldade de acesso a crédito, inovação, tecnologia e demais aparatos que possam aumentar seu lucro ou, até mesmo, garantir sua sobrevivência. No entanto, nada disso a impede de ser eficiente, no sentido de "realizar suas atribuições com presteza, perfeição e rendimento [...]". (DI PIETRO, Maria Sylvia Zanella. *Direito Administrativo*. São Paulo: Atlas, 2014, p. 84).
[214] GASPARINI, Diogenes. *Direito Administrativo*. São Paulo: Saraiva, 2012, p. 808.
[215] GASPARINI, Diogenes. *Direito Administrativo*. São Paulo: Saraiva, 2012, p. 808.

a própria Lei de Licitações (8.666/93, art. 65, §6º) estabelece que, "havendo alteração unilateral do contrato que aumente os encargos do contratado, a Administração deverá restabelecer, por aditamento, o equilíbrio econômico-financeiro inicial". Sem prejuízo dessa medida legal, o autor esclarece que outro mecanismo de proteção incide sobre o "princípio da distribuição igualitária dos ônus" e, em razão dele, pode o particular prejudicado valer-se dos consagrados remédios constitucionais.[216]

Além de existir algum aparato legal que resguarde os interesses do particular contratado, sendo-lhe, inclusive, assegurada a manutenção do equilíbrio econômico-financeiro do ajuste, é preciso considerar, ainda, que a extinção do vínculo contratual, seja por mérito ou legalidade, não revela nocividade expressiva à pequena empresa contratada pela Administração Pública.

Ao contrário do que ocorre no contrato privado, especialmente no exemplo de que nos valemos, inerente ao contrato de distribuição, em que a pequena empresa distribuidora de determinado produto projeta seu negócio, quase totalitariamente, para atender ao fornecedor, inclusive com a expectativa de duração prolongada do ajuste, no âmbito dos contratos administrativos, essa expectativa de vigência é delimitada por lei. Isto é: esse tipo de contrato tem vigência adstrita ao crédito orçamentário – que é de 12 (doze) meses – podendo chegar a, no máximo, 60 (sessenta) meses, quando os serviços forem caracterizados como contínuos (exemplos: execução de serviços de limpeza, vigilância etc.).[217]

Essa questão é importante, porque o contratado particular – pequena empresa, no nosso enfoque – não vai projetar a organização do seu negócio em prol de um contrato que, de antemão e por força de lei, tem prazo certo para terminar.

Não irá, da mesma forma, ser surpreendido com a ruptura da avença, porque sabe que sua manutenção depende do atendimento de pressupostos legais, inclusive no tocante à permanência da conveniência e oportunidade da contratação.

---

[216] GASPARINI, Diogenes. *Direito Administrativo*. São Paulo: Saraiva, 2012, p. 808-809.

[217] A questão da duração dos contratos administrativos é disciplinada pelo art. 57 da Lei Federal nº 8.666/93. Sobre a vigência de até 60 (sessenta) meses, vide inciso II do mencionado dispositivo.

Necessário observarmos, também, que a pequena empresa que se lança no mercado público das licitações – seja por preparo técnico específico ou conhecimento da lei –, dificilmente projeta a existência de seu empreendimento a um único cliente da Administração Pública, afastando os debates outrora travados sobre dependência econômica.

A esse respeito, o site da Bolsa Eletrônica de Compras do Estado de São Paulo, amplamente conhecida pela sigla BEC-SP, revela que as pequenas empresas que participam de licitações, com frequência logram ser contratadas por mais de um órgão/entidade da Administração Pública.[218]

Portanto, a ruptura da relação contratual, no âmbito dos negócios públicos, em razão da rescisão de mérito ou legalidade, não tende a oferecer malefícios à empresa de pequeno porte contratada pela Administração Pública.

Situação diversa enfrenta esse agente econômico de diminuta estatura, quando, no curso da vigência do contrato administrativo, se depara com a última das prerrogativas da Administração Pública ora analisadas, qual seja: a imposição de sanções.

Conforme a hipótese levantada no início deste item, no âmbito dos contratos administrativos, o contratante público pode exercer prerrogativas que tendem a agredir os direitos da pequena empresa contratada. E a aplicação de sanções pela Administração Pública

---

[218] A Bolsa Eletrônica de Compras do Estado de São Paulo (BEC-SP) constitui um ambiente eletrônico, acessado pela rede mundial de computadores, por meio do qual os órgãos e entidades da Administração Pública Estadual realizam suas licitações. Em consulta ao site oficial da BEC-SP, logramos constatar que o mesmo fornecedor – uma microempresa – foi contratado por dois órgãos distintos para executar atividade relacionada ao seu objeto social, qual seja: fornecer e instalar plataforma elevatória para tais órgãos licitantes. Por questões de privacidade, preferimos manter em sigilo o nome da microempresa contratada e, também, os nomes dos órgãos contratantes. Na primeira licitação (Pregão Eletrônico nº PE DGA 1042/2015, Processo nº 01-P-21039/2015), o fornecedor, durante a disputa e para evitar conluio entre os licitantes (regra do sistema da BEC-SP), recebeu a nomenclatura aleatória de FOR0891 ME. Disponível em: https://www.bec.sp.gov.br/bec_pregao_UI/Ata/becprp17001.aspx?aos7HwqPgMDu5tjJ4nZWzwZHt%2FHeGb3MPZAWFAflRpg7FryBh3Q5qp4les2C%2BJsd. Acesso em: 24 ago. 2017. No segundo certame em que sagrou-se vencedora (Pregão Eletrônico nº 102/2016, Processo nº 1096/2016), a mesma microempresa recebeu o nome aleatório de FOR0309 ME). Disponível em: https://www2.bec.sp.gov.br/bec_pregao_UI/Ata/becprp17001.aspx?rn3yZ62tgbqzQ3pVazhcz0xNUZHW3pRIubqL%2FQKO%2FpVHWbp1JFaJOv%2BBbb1f74emK. Acesso em: 24 ago. 2017. Essa dupla contratação demonstra que o universo das contratações públicas é dinâmico, tendo em vista a pluralidade de órgãos ou entidades da Administração Pública, contratantes de empresas de pequeno porte.

é o exemplo que confirma essa hipótese, porque as demais, como vimos, podem alcançar o mesmo efeito apenas em situações muito remotas e específicas.

A prerrogativa de a Administração Pública impor sanções decorre da necessidade de proteção do interesse público, que, neste caso, é materializada por meio da "exorbitância" das cláusulas do contrato administrativo. Celso Antônio Bandeira de Mello esclarece que essa "'exorbitância' ocorre em relação ao Direito Privado e consiste em abrigar disposições nele inadmissíveis ou incomuns".[219]

Todas as prerrogativas da parte contratante – a Administração Pública – até aqui estudadas decorrem de sua supremacia com relação ao polo contratual privado. E essa condição "vai expressar-se tanto na possibilidade de instabilizar a relação, segundo os termos já apontados, quanto na autoridade do contratante público [...]", a qual se manifesta "pelo amplo *controle e fiscalização* da execução do contrato [e] pela possibilidade de *impor sanções* ao contratante privado".[220]

As manifestações precisas de Celso Antônio Bandeira de Mello afastam qualquer dúvida que possa pairar acerca da vinculação do tema à assimetria estudada neste trabalho, eis que retira qualquer forma de igualdade entre as partes contraentes, mitigando os conceitos de justiça contratual, de equivalência das prestações pactuadas. Ao contrário, oferece a precitada *instabilidade* da relação, comportando disposições inadmissíveis em contratos privados. E, diga-se: inadmissíveis justamente porque se contrapõem a todos os valores que até aqui analisados. Portanto, uma relação contratual que admite essas situações "incomuns" deve mesmo ser objeto de estudo, legitimando a hipótese suscitada de redução dos direitos das pequenas empresas.

E, como concluímos até aqui, o direito das pequenas empresas é consubstanciado na concessão de tratamento jurídico favorecido e diferenciado (art. 170, inc. IX, combinado com o art. 179, ambos da Constituição Federal), o que ocorre em razão do reconhecimento legal de seus ínfimos recursos (renda bruta anual) e, portanto, de sua hipossuficiência econômica frente aos demais agentes de maior porte.

---

[219] BANDEIRA DE MELLO, Celso Antônio. *Curso de Direito Administrativo*. São Paulo: Malheiros, 2014, p. 629.
[220] BANDEIRA DE MELLO, Celso Antônio. *Curso de Direito Administrativo*. São Paulo: Malheiros, 2014, p. 630.

Com efeito, esse complexo conceitual que envolve o segmento dos pequenos negócios, abarcado por questões jurídicas, políticas e econômicas, pode sofrer uma ruptura – com efeitos práticos potencialmente irreparáveis – quando o assunto é a imposição, em sede de contrato administrativo, de sanções por parte da Administração Pública, especialmente na modalidade "multa".

Segundo a legislação infraconstitucional que rege a matéria – Lei nº 8.666/93 –, todo contrato administrativo deve prever as penalidades cabíveis e os valores das multas a serem aplicadas (art. 55, inc. VII), podendo incidir em desfavor do contratado particular sempre que houver inexecução total ou parcial das obrigações assumidas (art. 87, inc. II).

Obviamente que as outras penalidades arroladas pelo artigo 87 também podem ser desfavoráveis à pequena empresa que enveda pelo mundo das contratações públicas, tais como a suspensão temporária de licitar e contratar com a Administração ou a declaração de inidoneidade, previstas, respectivamente, nos incisos III e IV do mencionado dispositivo legal. Contudo, é de se observar que, nesses casos, somente as portas do mercado público estarão fechadas à pequena empresa, pelo prazo em que perdurar tais sanções. Ou seja: poderá ela continuar a exercer sua atividade econômica no mercado privado, prestando seus serviços, fornecendo seus produtos ou executando suas obras para os adquirentes privados, sem, em razão das referidas sanções, suportar redução de patrimônio e, muito menos, peias para contrair novos negócios fora da Administração Pública sancionadora.

O mesmo não ocorre quando a penalidade aplicada pela Administração Pública, em desfavor do contratado particular, constitui multa. Nessa, sim, observa-se a redução direta do patrimônio do contratado, o que, no caso de uma empresa pequena – em que seus recursos são, por natureza, diminutos – os prejuízos suportados são ainda maiores.

Impende notar que tanto a multa moratória, prevista pelo artigo 86 da Lei de Licitações, quanto a multa compensatória do artigo 87 podem alcançar proporções lesivas ao direito das pequenas empresas apenadas.

As produções técnicas especializadas no mercado das licitações e dos contratos administrativos esclarecem que haverá multa moratória nas hipóteses de inadimplemento relativo, tais como atraso no cumprimento das obrigações contratuais assumidas, decorrente de culpa do contratado. Neste caso, a execução do contrato continua, apesar do descumprimento parcial e da multa moratória. A multa compensatória, por outro lado, incidirá quando restar caracterizado o inadimplemento absoluto da obrigação assumida pelo contratado, tornando "imprestável a execução do ajuste para a Administração". Interessa saber é que a multa moratória tem natureza sancionatória; e a compensatória, natureza indenizatória. É dizer: "configura a prefixação de indenização por perdas e danos".[221]

Seja lá qual for a sua natureza ou finalidade, o problema é que não há fixação legal de percentuais para essas penalidades administrativas. O estabelecimento desses parâmetros cabe à Administração, antes de publicar o edital da licitação, orientando-se pelos princípios da razoabilidade e proporcionalidade. O que se verifica, na prática, é a adoção de percentuais entre 0,02% e 0,5% – para o caso de multa moratória – sobre o valor da parcela contratual inadimplida, incidentes por dia de atraso. E para a sanção que é aplicada em razão do inadimplemento absoluto da obrigação assumida pelo contratado – a multa compensatória –, verifica-se um percentual que varia entre 10%, podendo chegar até o montante de 30% do valor do contrato.[222]

Não há manifestação específica dos órgãos de controle (Tribunais de Contas, fundamentalmente), do Poder Judiciário e, tampouco, dos profissionais especialistas, acerca da questão da aplicação de multa contratual em desfavor de empresas de pequeno porte, contratadas pela Administração Pública.

Existem, contudo, referências de altíssima qualidade abordando o tema sob o enfoque da razoabilidade e proporcionalidade. Em sede de orientação a um serviço social autônomo, entidade obrigada a licitar em razão da gestão de recursos públicos, um grupo de consultores especialistas enfatizou que, para preencher a lacuna legal acerca do montante da multa, propõe-se a aplicação

---

[221] Revista Zênite ILC. Ed. 233. Julho de 2013. Disponível em: https://www.zenitefacil.com.br/pesquisaCliente#7C69A530-9F84-4E49-AFE0-2E10A18B86CF. Acesso em: 09 out. 2017.
[222] Revista Zênite ILC. Ed. 233. Julho de 2013. Disponível em: https://www.zenitefacil.com.br/pesquisaCliente#7C69A530-9F84-4E49-AFE0-2E10A18B86CF. Acesso em: 09 out. 2017.

direta dos princípios da teoria geral dos contratos e as disposições próprias do direito privado para as relações contratuais. Nesse sentido, afirmam, o artigo 412 do Código Civil deve ser observado, porque o "valor da cominação imposta na cláusula penal não pode exceder o da obrigação principal". Portanto, a recomendação é no sentido de que a entidade deve "definir os percentuais das multas de modo a sancionar o descumprimento contratual sem, todavia, incorrer em excessos, que possam provocar inclusive enriquecimento sem causa".[223]

O núcleo dos debates reside nos princípios da razoabilidade e da proporcionalidade. A razoabilidade conduz ao entendimento de que a Administração deve adotar "critérios aceitáveis do ponto de vista racional, em sintonia com o senso normal de pessoas equilibradas e respeitosas das finalidades que presidiram a outorga da competência exercida".[224]

Apesar de a lei de licitações conferir ao administrador certa liberdade para a dosagem – nos editais e, respectivamente, nos contratos – dos percentuais das multas moratórias e compensatórias, tais variações não podem ficar ao "sabor exclusivo de seu líbito, de seus humores, paixões pessoais, excentricidades ou critérios personalíssimos".[225]

O princípio da proporcionalidade enuncia uma ideia de que as competências administrativas são legitimamente desempenhadas na proporção da "*extensão* e *intensidade* correspondentes ao que seja realmente demandado para cumprimento da finalidade de interesse público a que estão atreladas".[226]

Segue-se que a aplicação de multa, assim como das outras modalidades de sanções administrativas, deve ser "compatível com a gravidade e a reprobabilidade da infração. São inconstitucionais

---

[223] Revista Zênite ILC. Ed. 169. Março de 2008. Disponível em: https://www.zenitefacil.com.br/pesquisaDocumento?idDocumento=7CF3DB4D-4D62-40BB-A7D5-53BE999D3CC6. Acesso em: 09 out. 2017.
[224] BANDEIRA DE MELLO, Celso Antônio. *Curso de Direito Administrativo*. São Paulo: Malheiros, 2014, p. 111.
[225] BANDEIRA DE MELLO, Celso Antônio. *Curso de Direito Administrativo*. São Paulo: Malheiros, 2014, p. 111.
[226] BANDEIRA DE MELLO, Celso Antônio. *Curso de Direito Administrativo*. São Paulo: Malheiros, 2014, p. 113.

os preceitos normativos que imponham sanções excessivamente graves".[227]

Como se observa, os princípios têm seus conceitos interligados e objetivam a manutenção dos limites necessários à satisfação da finalidade legal.

> Em rigor, a proporcionalidade não é senão uma faceta da razoabilidade, pois através do exame da proporcionalidade o que se quer verificar é se a providência tomada (conteúdo do ato) perante certo evento (motivo) manteve-se nos limites necessários para atender à finalidade legal ou se foi mais *intensa* ou mais *extensa* do que o necessário.[228]

O Superior Tribunal de Justiça, ao analisar, em sede de Recurso Especial, as peculiaridades do artigo 87 do Estatuto Federal das Licitações e Contratos – Lei nº 8.666/93 –, também se manifestou pela observância dos princípios da razoabilidade e da proporcionalidade, destacando, ainda, que o tema deve estar envolto por valores e princípios constitucionais relacionados à igualdade, justiça social e solidariedade, bem como pela noção de boa-fé objetiva, transparência e razoabilidade nas três fases da avença, ainda – ressaltou – que seja um contrato administrativo, a saber: fase pré-contratual, contratual e pós-contratual. Confiramos os trechos específicos do julgado:

> 2. O art. 87, da Lei nº 8.666/93, não estabelece critérios claros e objetivos acerca das sanções decorrentes do descumprimento do contrato, mas por óbvio existe uma gradação acerca das penalidades previstas nos quatro incisos do dispositivo legal.
> 3. Na contemporaneidade, os valores e princípios constitucionais relacionados à igualdade substancial, justiça social e solidariedade, fundamentam mudanças de paradigmas antigos em matéria de contrato, inclusive no campo do contrato administrativo que, desse modo, sem perder suas características e atributos do período anterior, passa a ser informado pela noção de boa-fé objetiva, transparência e razoabilidade no campo pré-contratual, durante o contrato e pós-contratual.
> 4. Assim deve ser analisada a questão referente à possível penalidade aplicada ao contratado pela Administração Pública, e desse modo, o

---

[227] JUSTEN FILHO, Marçal. *Comentários à Lei de Licitações e Contratos Administrativos*. São Paulo: Dialética, 2008, p. 815.
[228] BANDEIRA DE MELLO, Celso Antônio. *Curso de Direito Administrativo*. São Paulo: Malheiros, 2014, p. 414.

art. 87, da Lei nº 8.666/93, somente pode ser interpretado com base na razoabilidade, adotando, entre outros critérios, a própria gravidade do descumprimento do contrato, a noção de adimplemento substancial e a proporcionalidade.[229]

Como se observa, mesmo em sede de negócios públicos, é nítida a preocupação com o comedimento das sanções impostas, em homenagem aos valores contemporâneos do direito contratual, voltados ao equilíbrio das forças entre os polos da relação. No entanto, o conteúdo dos princípios da razoabilidade e da proporcionalidade não resolve, por si só, a questão proposta.

Tais conceitos são capazes de limitar o excesso da aplicação das penalidades no contrato administrativo, evitando a desproporção da medida, coibindo o ato desarrazoado por parte do administrador público e, também, o locupletamento do aplicador da sanção. Ocorre que tais conceitos não levam em consideração a estatura do penalizado e, tampouco, suas condições econômicas, revelando-se insuficientes para impedir qualquer lesão ao direito das empresas de pequeno porte.

E essa questão é muito importante, pois, frente à menor capacidade desses agentes econômicos de suportar tais medidas punitivas por parte da Administração Pública – que têm natureza eminentemente pecuniária –, poderá ter parcela significativa de seu patrimônio comprometida, contribuindo para incrementar, ainda mais, o índice de mortalidade que há muito protagoniza.

---

[229] Superior Tribunal de Justiça. *Recurso Especial nº 914.087-RJ (2007/0001490-6)*. Relator: Ministro José Delgado. Data de Julgamento: 23 jun. 2008. Primeira Turma. Disponível em: https://ww2.stj.jus.br/processo/pesquisa/?tipoPesquisa=tipoPesquisaNumeroRegistro&termo=200700014906&totalRegistrosPorPagina=40&aplicacao=processos.ea. Acesso em: 30 nov. 2017.

CAPÍTULO 3

SISTEMA DE PROTEÇÃO EMPRESARIAL

Identificamos dois exemplos salientes, nos contratos privados e públicos, em que a assimetria da pequena empresa se torna mais evidente. As situações narradas, sem prejuízo de muitas outras, legitimam o tratamento favorecido e diferenciado em favor desse segmento empresarial – corolário da intervenção do Estado no domínio econômico –, de forma a coibir abusos de toda ordem e, principalmente, aqueles decorrentes do abuso de poder econômico, os quais podem desnaturar o formato constitucionalmente concebido a partir da liberdade de empreender, fruto do capitalismo, articulada com preceitos socializantes de equilíbrio de forças para preservação da coexistência mercadológica.

Neste trecho do trabalho, a proposta é apresentar uma solução para atenuar as consequências da assimetria, que podem acometer os pequenos empreendimentos nos exemplos analisados, seja quando têm, no âmbito privado, seus contratos de distribuição rompidos, seja quando suportam, na esfera dos contratos administrativos, multas moratórias ou compensatórias desproporcionais ao porte da empresa. Ambas as ocasiões são, portanto, definidas no presente trabalho como aquelas que comprometem, expressivamente, o orçamento e a sobrevivência da pequena empresa, oferecendo sequelas muitas vezes irreparáveis.

Referida proposta convencionamos intitular de "Sistema de Proteção Empresarial", haja vista que seu escopo consiste, no âmbito dos contratos privados, em atrair um regime de proteção, previsto na Constituição da República, também aos empreendimentos de pequeno porte, em que a necessidade e hipossuficiência de seus titulares equiparam sua atividade negocial ao trabalhador de outros segmentos, já contemplados no sistema protetivo existente. À esfera pública, a proposta também recai sobre dispositivos legais existentes que, em consonância com preceitos que irradiam da Carta Magna, estabeleceram algumas benesses às pequenas empresas. Mas tais benesses não estão completas. É sobre o que trataremos nos itens subsequentes.

3.1 A proteção sobre os contratos privados

Concluímos, ao longo deste trabalho, que a Carta Política de 1988, por meio do princípio da livre iniciativa, legitima que qualquer interessado empreenda em uma atividade econômica, buscando extrair o seu sustento, a sobrevivência própria e de seus dependentes ou, sendo bem-sucedido, alcançando lucro, riqueza e, quiçá, poder econômico. Ressalte-se que a conquista e a manutenção do poder econômico não são condutas ilegítimas. Apenas o seu abuso é que deve ser reprimido.[230]

Esse valor de liberdade consagrado pelo Texto Magno, aliado à preservação da propriedade privada dos bens de produção (art. 170, inc. II), revela uma adesão do ordenamento jurídico ao sistema capitalista. Sua vigência, contudo, deve ser interpretada ao lado de outros princípios de conotação social.

Observamos que o princípio da *livre iniciativa* está posicionado em ambiente inaugural da Carta Democrática de 1988 (art. 1º, inc. IV), que o enuncia como fundamento da República Federativa do Brasil. Ao seu lado, no mesmo dispositivo, situa-se o *valor social do trabalho*.

Tais valores fundam, também, a ordem econômica nacional – é dizer: a *livre iniciativa* e a *valorização do trabalho humano* – com a finalidade de assegurar a todos existência digna, homenageando,

---

[230] NUSDEO, Fábio. *Curso de Economia:* introdução ao Direito Econômico. São Paulo: Revista dos Tribunais, 2015, p. 224.

com isso, a sempre pretensa justiça social (art. 170, *caput*, da Constituição Federal).

A interação desses dois princípios – e, também, entre eles e os demais contemplados pela Constituição Federal – "resulta que valorizar o trabalho humano e tomar como fundamental o valor social do trabalho importa em conferir ao trabalho e seus agentes (os trabalhadores) tratamento peculiar".[231]

Ora, quando a Lei Maior assenta lado a lado dois valores fundamentais, assim o fez porque projeta, na livre iniciativa e no valor social do trabalho, os meios indispensáveis para que os cidadãos possam conduzir os meios para construção de uma sociedade justa, desenvolvida e contrária à pobreza, à marginalização e às desigualdades (art. 3º e incisos da Constituição Federal).

É dizer: livre iniciativa e trabalho humano se fundem com o objetivo de concreção dos objetivos fundamentais da República Federativa do Brasil.

Não é por outra razão – como outrora afirmamos – que se reconhece que a livre iniciativa abarca uma infinidade de formas de trabalho, desde uma forma organizada de exercício de uma atividade econômica, até o trabalho com vínculo empregatício.

O corolário da livre iniciativa é o empreendedorismo. É dizer: a forma subjetiva de como ela se manifesta. Trata-se de comportamento inerente aos agentes econômicos e que exorbita o ato de constituir uma empresa,[232] porque deve ser compreendido, enquanto resultado daquele princípio constitucional, em seu sentido mais amplo, abarcando todas as formas de produção, sejam elas individuais ou coletivas.[233]

---

[231] GRAU, Eros Roberto. *A Ordem Econômica na Constituição de 1988 (interpretação e crítica)*. Malheiros Editores, São Paulo, 2010, p. 200.
[232] Idalberto Chiavenato explica que empreendedor "[...] não é somente um fundador de novas empresas [...] Ele é muito mais do que isso, pois proporciona a energia que move toda a economia, alavanca as mudanças e transformações, produz a dinâmica de novas ideias, cria empregos e impulsiona talentos e competências. Mais ainda: ele é quem fareja, localiza e rapidamente aproveita as oportunidades fortuitas que aparecem ao acaso e sem pré-aviso [...]" (CHIAVENATO, Idalberto. *Empreendedorismo*: dando asas ao espírito empreendedor. São Paulo: Manole, 2012, p. 1).
[233] GRAU, Eros Roberto. *A Ordem Econômica na Constituição de 1988 (interpretação e crítica)*. Malheiros Editores, São Paulo, 2010, p. 204.

Isso significa que o empreendedorismo, que ampara todas as atividades econômicas, é, ao mesmo tempo, sustentáculo para o surgimento de empresas e para a formação de múltiplas formas de trabalho, especialmente porque, não olvidemos, resultando de um princípio constitucional identificado com o ambiente capitalista, jamais poderia, por sua própria natureza, ser revestido de um caráter puramente estático, imóvel e *congelado* ao longo tempo, alheio aos acontecimentos contemporâneos, tendo que servir como instrumento propulsor de rotatividade e inovação constantes, tanto de novos bens de consumo e soluções, como também, do lado da demanda, de novas formas de produção e criação.[234]

Que reste bem vincado: o comportamento empreendedor – corolário do princípio da livre iniciativa – não constitui "condição exclusiva de empresários ou de quem está à frente dos negócios. Tem a ver com atitudes que determinadas pessoas desenvolvem",[235] qualquer que seja a atividade econômica praticada.

Vejam-se, com isto, as *startups*. Uma forma de criação do próprio emprego, em ambiente econômico de baixa empregabilidade. O SEBRAE conceitua essas iniciativas como empresas inovadoras com custos de manutenção muito baixos ou, utilizando um conceito mais recente, *startup* consiste em "um grupo de pessoas à procura de um modelo de negócios repetível e escalável, trabalhando em condições de extrema incerteza".[236]

Trata-se de um ambiente não convencional, que revela uma ruptura com as formas tradicionais de trabalho, em que não se tem empregador – muitas vezes sequer empresa constituída, porque o que está em pauta é a inventividade da atividade econômica que se pretende conduzir – e, tampouco, empregados. Há uma nítida fusão dos conceitos de empreendedor e trabalhador.

---

[234] SCHUMPETER. Joseph A. *Capitalismo, socialismo e democracia*. Traduzido por Ruy Jungmann. Rio de Janeiro: Fundo de Cultura, 1961, p. 110.
[235] SERVIÇO BRASILEIRO DE APOIO ÀS MICRO E PEQUENAS EMPRESAS – SEBRAE. *Perfil empreendedor*: conheça características importantes para o comportamento empreendedor. Brasília, 2016. Disponível em: https://www.sebrae.com.br/sites/PortalSebrae/artigos/conheca-caracteristicas-importantes-para-o-comportamento-empreendedor. Acesso em: 05 fev. 2017.
[236] SERVIÇO BRASILEIRO DE APOIO ÀS MICRO E PEQUENAS EMPRESAS – SEBRAE. *O que é uma startup?*. Brasília, 2017. Disponível em: http://www.sebrae.com.br/sites/PortalSebrae/sebraeaz/o-que-e-uma-startup,616913074c0a3410VgnVCM1000003b74010aRCRD. Acesso em: 05 fev. 2017.

Não é excesso recordar as reflexões de André Garcia D'aurea, em obra organizada por Mônica Herman Salem Caggiano, segundo o qual

> A relação de trabalho convencional, caracterizada pelo vínculo empregatício, tende a ter sua importância reduzida de forma drástica, surgindo um grande desafio para este início de século, que consiste em como gerar novas atividades produtivas fora da relação de emprego.
> Frisamos que o desafio não é o de criar empregos, mas o de proporcionar trabalho, com ou sem vínculo de emprego ao maior número de pessoas, o de fomentar uma atividade produtiva que não fique à margem da lei, uma vez que, como premissa básica, só podemos entender como atividade adequada ao bem-estar social aquela que não seja marginal ao direito.[237]

Fernando Dolabela e Cid Torquato recordam que o trabalho, na sociedade judaico-cristã, é considerado o "destino do homem" e que a sua principal expressão é o emprego, considerada uma "conquista extraordinária do trabalhador" após o período escravagista. Advertem, contudo, que

> O emprego não é a única forma de garantir o sustento próprio e o da família. O outro lado da relação de trabalho revela uma presença que também implica operosidade, mas em outro patamar e com outro *status*: a do empresário. [...] Curiosamente, num mundo todo estruturado em organizações de trabalho [...] descobriu-se um modo diferente de desenvolver a face econômica da existência [ou subsistência]: o empreendedorismo.[238]

Urge reconhecer que, além dos conceitos e constatações tradicionais, existem muitas razões para refletir sobre a aproximação fática das formas de trabalho. Esse o caso da pequena empresa que, envolta por necessidade[239] de atuação, hipossuficiência econômica e alto índice de mortalidade empresarial, encontra-se em situação análoga à do trabalhador, afinal, os dados estatísticos apresentados ao longo deste estudo oferecem a certeza de que, na atualidade, não

---

[237] CAGGIANO, Mônica Herman Salem (Org.). *Reflexões em Direito Político e Econômico*. São Paulo: Mackenzie, 2002, p. 207-208.
[238] DOLABELA, Fernando; TORQUATO, Cid. *Empreendedorismo sem fronteiras*: um excelente caminho para pessoas com deficiência. Rio de Janeiro: Alta Books, 2015, p. 65.
[239] É a "necessidade de iniciativa", defendida ao longo desta pesquisa.

é apenas o trabalhador com vínculo empregatício que suporta todas essas dificuldades.

As formas de consecução do trabalho se aproximam de maneira a ensejar a intervenção do Estado quando são protagonizadas por um cenário de abuso de poder econômico contra a parte contraente que ostenta dependência e hipossuficiência econômica. Estamos claramente nos referindo aos dois exemplos citados, pois configura tanto o caso do trabalho que é exercido no âmbito de uma empresa pequena, por seu titular e demais atores dessa célula econômica, quanto aquele prestado por um trabalhador a um empregador.

Esses formatos de trabalho, é importante não olvidar, são exercidos para a manutenção das necessidades humanas. E a necessidade irradia efeitos para o ato de contratar: o empregado com o patrão; a pequena empresa com a grande.

Trata-se do assim denominado "estado de necessidade de contratar", amplamente reconhecido pelos juristas brasileiros,[240][241] cujo realismo conceitual pudemos encontrar na visão do doutrinador italiano Pietro Rescigno, segundo o qual

> [...] è stato di bisongo anche La difficoltá economica contingente, o, addirittura, momentanea. In secondo luogo, è rilevante non solo Il bisogno di denaro, ma anche Il bisogno di un qualsiasi altro bene o servizio economico (nella casistica: una materia prima; un medicinale; fra le ipotesi dottrinali: i cibi [...] a nostro giudizio, lo "stato di bisogno", nella sua generica denominazione, si presta a comprendere bisogni economici non solo immediatamente proprii ma anche dipendenti dalle necessità altrui.[242]

Em tradução livre e contextual, Pietro Rescigno aduz que o estado de necessidade é, também, a dificuldade econômica contingencial, ou, deveras momentânea. Em segundo lugar, é relevante não apenas a necessidade de dinheiro, mas também a necessidade de qualquer outro bem ou serviço econômico, tais como matéria-prima, remédio, comida etc. Para o autor, o "estado de necessidade", na sua ampla denominação, se presta a compreender

---

[240] MARTINS, Marcelo Guerra. *Lesão contratual no Direito brasileiro*. Rio de Janeiro: Renovar, 2001, p. 87.
[241] PEREIRA, Caio Mário da Silva. *Lesão dos contratos*. Rio de Janeiro: Forense, 1993, p. 165.
[242] RESCIGNO, Pietro. *Trattato di Diritto Privato*. Torino: UTET, 1990, p. 180-181.

necessidades econômicas não apenas próprias, mas também necessidades de outros.

No caso do empregado, a lei trabalhista se encarregou de reconhecer, dentre outras peculiaridades inerentes, sua dependência econômica com relação ao empregador. É por isso, também, o caso de uma relação assimétrica, chancelada e protegida pelo ordenamento jurídico, por razões que há muito conhecemos.

Ocorre que, por razões muito próximas, também é possível reconhecer características dessa dependência econômica no âmbito das empresas de pequeno porte.

Isso porque, na situação estudada para o âmbito privado – contrato de distribuição – não é rara a hipótese em que o pequeno empreendimento distribuidor pode ficar com sua capacidade negocial reduzida em razão das rígidas exigências impostas pelo grande fornecedor de produtos e serviços.

Impende consignar que, com a tentativa de se imputar novos valores, conceitos e pactos no âmbito das relações laborais – que, inevitavelmente, escoam efeitos ao patamar empresarial –, essa situação de dependência econômica entre empresas tende a se expandir.

O SEBRAE realizou uma pesquisa com empresários de pequenos negócios, objetivando conhecer suas opiniões acerca do advento da reforma trabalhista, especialmente no que respeita à terceirização da atividade finalística e se essa possibilidade poderia abrir novos mercados para as pequenas empresas junto às médias e grandes, que as contratariam para execução de tais atividades.

O público pesquisado foi composto por 3316 microempreendedores individuais (MEI), 2648 microempresas e 653 empresas de pequeno porte. Dos empresários dos pequenos empreendimentos entrevistados, 41% responderam acreditar que a terceirização das atividades-fim pode gerar novos negócios junto às empresas de maior porte, sendo que 37% acreditam que não e os outros 23% não souberam responder.[243]

---

[243] SERVIÇO BRASILEIRO DE APOIO ÀS MICRO E PEQUENAS EMPRESAS – SEBRAE. *Terceirização da mão de obra*. Brasília, 2014, p. 14. Disponível em: http://www.bibliotecas.sebrae.com.br/chronus/ARQUIVOS_CHRONUS/bds/bds.nsf/e6f6c32a8036f15dae52d3953 01a6a1f/$File/7553.pdf. Acesso em: 15 out. 2017.

É verdade que o expressivo número de abstenções às perguntas formuladas durante a pesquisa promovida pelo SEBRAE pode ser traduzido como desconhecimento dos empresários acerca da matéria. Contudo, os números pesquisados revelam que o advento da reforma trabalhista – somando ao anseio do público entrevistado – poderá ampliar o número de contratações de pequenas empresas pelas maiores, as quais se proporão a executar as atividades finalísticas destas. E nesse âmbito, é bom dizer, poderá ser verificado o aumento do nível de dependência econômica das pequenas empresas.

Fato amplamente conhecido é que a execução das atividades finalísticas aumenta a ingerência do contratante (grande empresa) em relação ao contratado (pequena empresa), especialmente no que respeita a horários, formas de execução, pessoalidade e, até mesmo, interferência na estrutura administrativa e condução do negócio da empresa, redundando, possivelmente, em exclusividade de fornecimento (de produtos ou serviços) ou alguma situação muito próxima disso e altamente restritiva.

A doutrina portuguesa reconhece o instituto da subcontratação como uma forma de "cooperação complementar" entre as empresas. Isso porque haverá o desenvolvimento da especialização, haja vista que as tarefas subcontratadas poderão ser exercidas pelas pequenas empresas especialistas em determinados assuntos de interesse da empresa contratante. Disso decorre, para o contratante, um investimento a preços mais vantajosos naquelas tarefas subcontratadas, podendo concentrar esforços na ampliação de tecnologia, aumento da produtividade, da competitividade e tudo mais que for de seu interesse. Para o pequeno empreendimento subcontratado – pontua a doutrina portuguesa – haverá a possibilidade de expansão dos mercados, "minimizando-se, desse modo, o efeito negativo, no tecido empresarial, das formas clássicas de concentração".[244]

Não obstante as vantagens do instituto da subcontratação, advertem os portugueses, existem os aspectos negativos, tais como

---

[244] SANTOS, António Carlos dos; GONÇALVES, Maria Eduarda; MARQUES, Maria Manuel Leitão. *Direito Econômico*. Almedina: Coimbra, 2002, p. 280.

[...] a estipulação de condições pouco equitativas, cláusulas de exclusividade, deveres de segredo, perda de contacto directo com o mercado, o que conduz à insegurança e a uma certa dependência das empresas subcontratadas relativamente à contratante e à sua vulnerabilidade face a dificuldades conjunturais. Em resumo [...] tanto funciona como uma forma equilibrada de cooperação entre empresas como pode constituir, de facto, um processo de dominação de uma empresa por outra através de um contrato.[245]

O propósito deste trabalho não é enveredar pelos caminhos da doutrina do Direito do Trabalho e, tampouco, analisar os aspectos da reforma trabalhista. Contudo, essa reflexão sobre os efeitos que poderão irradiar sobre os empreendimentos de porte diminuto é assaz relevante, porquanto a subordinação, outrora adstrita à dicotomia empregado e empregador, agora é transferida para o âmbito do contrato entre empresas – que pode mascarar um processo de dominação contratual, no ensejo do posicionamento da doutrina portuguesa –, enaltecendo, ainda mais, os debates sobre o aumento da dependência econômica do segmento no Brasil.

Relativamente ao contrato de distribuição, foram realizadas análises sobre as características desse tipo de avença, inclusive no tocante ao posicionamento do Poder Judiciário em dois casos de particular relevância. Em uma das ocasiões, o Poder Judiciário constatou a mudança expressiva na situação econômico-financeira da distribuidora (um empreendimento de pequeno porte), reflexo da queda de seu faturamento mensal em razão da abrupta suspensão do fornecimento dos produtos, objeto do contrato.[246]

Fatos dessa natureza, quando acometem empresas pequenas, tornam suas vidas muito mais difíceis, especialmente se considerarmos a exclusividade de distribuição que, comumente, se exige nesse tipo de contratação e que, depois de um longo período nessa situação, rompe seu contato com outros fornecedores do mercado, aumentando, ainda mais, a sua chance de mortalidade.

---

[245] SANTOS, António Carlos dos; GONÇALVES, Maria Eduarda; MARQUES, Maria Manuel Leitão. *Direito Económico*. Almedina: Coimbra, 2002, p. 280.
[246] Tribunal de Justiça do Estado de Minas Gerais. *Apelação nº 1.0105.04.109473-8/001*. Relator: Lucas Pereira. Data de Julgamento: 24 jun. 2010. Décima Sétima Câmara Cível. Disponível em: http://www4.tjmg.jus.br/juridico/sf/proc_resultado2.jsp?tipoPesquisa2=1& txtProcesso=10947386320048130105. Acesso em: 13 jul. 2017.

Esse fenômeno é conceituado como "prisão econômica" por Paula Forgioni, que decorre da dependência que se estabelece entre o polo contratual de diminuta estatura, em relação ao fornecedor, tipicamente mais forte nesse tipo de relação.[247] Essa "prisão", que é dependência econômica para todos os fins, decorre da hipossuficiência, de igual natureza, manifestada por parte da pequena empresa e inerente ao seu próprio conceito jurídico e econômico.

Ainda que se reconheça que tais peculiaridades são típicas dos contratos de distribuição, o fato é que elas são maximizadas quando um dos polos é uma empresa de pequeno porte. E os problemas mais significativos surgem a partir da ruptura desse contrato, nas condições aduzidas nas diversas passagens desta pesquisa. Isso porque as sequelas daí decorrentes, consubstanciadas na redução significativa – e, talvez, fatal, do patrimônio do pequeno polo contraente –, constituem uma legítima situação geradora de necessidade temporária.

Como resultado dessa análise, pudemos concluir que o trabalho, ao lado da livre iniciativa, constitui um valor social a ser preservado, pois é a partir deles que as pessoas e os empreendimentos de pequeno porte buscam a satisfação de suas necessidades, na tentativa de garantir, por essa via, a existência digna de seus titulares. Trata-se da interação entre a livre iniciativa e o valor do trabalho a que faz referência Eros Roberto Grau, enquanto fundamentos da República Federativa do Brasil, princípios nos quais, inclusive, a ordem econômica é fundada.[248]

Não obstante, existem situações, temporárias ou definitivas, que, em virtude de incapacidade laboral, não podem os trabalhadores garantir seus próprios recursos, o que fundamenta a existência de um sistema protetivo, trazido pela própria Constituição.

De igual forma, recebendo o trabalhador essa proteção social nas situações geradoras de necessidade, o sistema jurídico deve acolher uma sistemática compatível quando a atividade econômica

---

[247] FORGIONI, Paula Andrea. *Contato de distribuição*. 2. ed. São Paulo: Revista dos Tribunais, 2008, p. 254.
[248] GRAU, Eros Roberto. *A Ordem Econômica na Constituição de 1988 (interpretação e crítica)*. Malheiros, São Paulo, 2010, p. 200.

é exercida de forma organizada, por meio de um empreendimento de pequeno porte.

O valor social do trabalho, que aparece ao lado da livre iniciativa no texto constitucional, revela, sem distinção, a opção política do Estado brasileiro pela forma de produção capitalista, caminho este qualificado como autêntico e pelo qual deve trilhar a sociedade para manutenção de suas necessidades. Por essa justa razão, deve, também, proteger o trabalho que é empreendido em um pequeno negócio – baluarte, pois, da livre iniciativa, em necessária conexão com a valorização do trabalho humano –, já que essa forma de trabalho, pela via da pequena empresa, também recebeu a proteção do constituinte de 1988, como forma de assegurar sua coexistência no mercado, frente ao poderio econômico dos grandes empreendimentos.

A título de comparação, é importante lembrar que a doutrina portuguesa articula a interação entre as diversas formas de trabalho, pois, naquele país, usa-se um termo mais amplo. Fala-se em "acesso à atividade econômica", que, obviamente, engloba um princípio que equivale à livre iniciativa do Brasil, intitulado "princípio da liberdade de acesso ao exercício da generalidade das atividades económicas", consoante artigo 61º da Constituição de Portugal.[249] Esse princípio envolve não apenas "[...] a liberdade de empresa em abstracto, mas sim o direito de exercer uma actividade económica em concreto, num determinado local e com determinadas características".[250]

Dito de outra forma: é preciso contemplar a diversidade de formas de trabalho, inclusive aquelas encontradas nas pequenas empresas.[251] O valor social do trabalho exercido no âmbito dos empreendimentos de pequeno porte também foi reconhecido pelo legislador pátrio, em razão da sua importância para a economia

---

[249] PORTUGAL. Constituição (1974). *Constituição da República Portuguesa*, de 25 de abril de 1974. Em seu artigo 61º consta que: "1. A iniciativa económica privada exerce-se livremente nos quadros definidos pela Constituição e pela lei e tendo em conta o interesse geral". Disponível em: http://www.parlamento.pt/Legislacao/Paginas/ConstituicaoRepublicaPortuguesa.aspx. Acesso em: 15 out. 2017.

[250] SANTOS, António Carlos dos; GONÇALVES, Maria Eduarda; MARQUES, Maria Manuel Leitão. *Direito Económico*. Almedina: Coimbra, 2002, p. 227.

[251] SACHS, Ignacy. *Inclusão social pelo trabalho*: desenvolvimento humano, trabalho decente e o futuro dos empreendedores de pequeno porte no Brasil. Rio de Janeiro: Garamond, 2003, p. 19.

e, sem dúvida, por oferecer àquelas pessoas que nele atuam a possibilidade de sobrevivência e de suprimento de suas necessidades.

A partir dessa constatação, tentaremos esclarecer de que forma essa proteção deve ocorrer, sobretudo porque o segmento dos pequenos negócios também passa por situações geradoras de necessidade.

3.1.1 Proteção social e solidariedade: uma fórmula para se compartilhar os riscos

É notório e estreme de dúvidas que a lei civil é capaz de coibir práticas abusivas, ressarcindo o polo contratual lesado das consequências patrimoniais advindas, por exemplo, de uma rescisão arbitrária, em que os princípios de regência não são observados. No entanto, ainda que existam os mais diversos mecanismos legais reparatórios, não há, no ordenamento jurídico, disposição capaz de assegurar a sobrevivência da pequena empresa no período imediatamente posterior ao rompimento da avença a que era vinculada em caráter de exclusividade permanente.

Da mesma forma em que o trabalhador se vê involuntariamente desempregado, pode o empreendimento de pequeno porte ser acometido pela ruptura de um contrato que, por força de sua dependência econômica, constituía sua única fonte de sustento.

Essa situação pode contribuir, ainda mais, para a baixa sobrevivência dessas empresas, fato que colide com os princípios da livre iniciativa e da livre concorrência, frente à dificuldade de coexistência do segmento no mercado, extraindo, desse ambiente, a necessária pluralidade de agentes econômicos.

Por todas essas razões, é importante a criação de um sistema de proteção empresarial destinado a amparar essa categoria econômica quando estiver submetida a essa situação transitória de necessidade.

Antes de qualquer apontamento sobre a mencionada fórmula protetiva, supramencionada, e sobre o valor de solidariedade a que se encontra vinculada, é preciso que saibamos que os temas se encontram inseridos na própria estrutura política do país, amparados pelo ordenamento jurídico, com apoio especial em dois fundamentos da República Federativa do Brasil: dignidade da pessoa humana e valor social do trabalho.

No texto da atual Constituição, esses alicerces aparecem na seguinte dicção:

> Art. 1º – A República Federativa do Brasil [...] tem como fundamentos:
> [...]
> III – a dignidade da pessoa humana.
> IV – os valores sociais do trabalho e da livre iniciativa.

Os assuntos foram tratados logo no artigo inaugural do Texto Magno porque a dignidade da pessoa guarda uma "importância material para a compreensão de todo o edifício jurídico [...]". A partir dela derivam garantidas de *"condições mínimas* de subsistência, tutela a ser prestada diretamente pelo Estado *aos hipossuficientes e que dele necessitem,* ainda que transitoriamente", tais como os *"direitos da previdência social,* baseada amplamente na ideia de *solidariedade mútua"*[252] (grifo nosso).

Não é excesso relembrar, neste trecho da exposição, a reflexão de José Cretella Júnior, no sentido de que "não basta viver. É preciso viver com dignidade".[253] Portanto, no dispositivo seminal da Carta da República, os valores sociais do trabalho e da livre iniciativa articulam efeitos com a dignidade da pessoa humana.

Essa relação se torna evidente quando tais valores são reproduzidos como fundamento e fim da parte da Carta Democrática de 1988 destinada a conformar todo o sistema econômico do país. É dizer: são abordados, também, pelo *caput* do artigo 170, Título VII, que trata da Ordem Econômica e Financeira e estabelece os Princípios Gerais da Atividade Econômica.

Com efeito, toda interpretação da valorização do trabalho humano e da livre iniciativa deve ser, compulsoriamente, edificada sob o manto da existência digna.

> Isso significa, por um lado, que o Brasil – República Federativa do Brasil – define-se como entidade política constitucionalmente organizada [...]

---

[252] TAVARES, André Ramos. *Direito Constitucional Econômico.* São Paulo: Método, 2011, p. 130.
[253] CRETELLA JR, José. *Elementos de Direito Constitucional.* São Paulo: Revista dos Tribunais, 2000, p. 246.

enquanto a dignidade da pessoa humana seja assegurada ao lado [...] dos valores sociais do trabalho e da livre iniciativa [...]. Por outro, significa que a ordem econômica mencionada pelo art. 170, *caput* do texto constitucional [...] *deve ser* dinamizada tendo em vista a promoção da existência digna de que todos devem gozar.[254]

Mais adiante, o primado do trabalho foi também abordado no artigo 193 da Carta da República, dessa vez, como base da Ordem Social (Título VIII). A intenção é que, por meio desse alicerce, sejam alcançados o bem-estar e a justiça sociais.

Como se vislumbra, o trabalho constitui um valor social a ser preservado, pois é a partir dele que as pessoas buscam a satisfação de suas necessidades, garantindo, assim, existência digna.[255]

Mas existem situações, temporárias ou definitivas, em que esse ciclo não se resolve espontaneamente, impedindo que trabalhadores garantam seus próprios recursos.

Essas situações, que são geradoras de necessidade, fundamentam a existência de um sistema protetivo, trazido pela própria Constituição, sobretudo porque sua concepção inicial – de que o trabalho enquanto valor social, capaz, por si só, de oferecer a dignidade que a todos é assegurada – materializou-se fora do quadro que se esperava.

É de se esperar, portanto, que a própria Constituição pretenda corrigir o desvio de uma estrutura inicial que ela mesma concebeu. E isso ocorre em razão de outras bases, tão importantes quanto aquelas até aqui narradas, que constituem nada menos que os objetivos fundamentais da República Federativa do Brasil. *In verbis*:

> Art. 3º. Constituem objetivos fundamentais da República Federativa do Brasil:
> I – construir uma sociedade livre, justa e solidária;
> [...]

---

[254] GRAU, Eros Roberto. *A Ordem Econômica na Constituição de 1988 (interpretação e crítica)*. São Paulo: Malheiros Editores, 2010, p. 198.

[255] Paulo Sérgio do Carmo observa que a palavra "trabalho" tem origem controversa, ligada a algo penoso. Segundo o autor, o trabalho foi inicialmente considerado como o esforço pela sobrevivência, mas, ao longo da história, transformou-se "[...] em ação produtiva, ocupação e, para muitos, algo gratificante em termos existenciais". Em sua concepção, o trabalho pode ser definido como "[...] toda atividade realizada pelo homem civilizado que transforma a natureza com sua inteligência. Entre o homem e natureza, há atividades mediadoras: o homem modifica a natureza segundo seu desejo, visando a extrair dela sua subsistência" (CARMO, Paulo Sérgio do. *A ideologia do trabalho*. São Paulo: Moderna, 2005, p. 21).

III – erradicar a pobreza e a marginalização [...];
IV – promover o bem de todos [...]

Fica clara a preocupação do legislador constituinte com o bem-estar, com o combate à pobreza, à marginalização, partindo sempre dos pressupostos da justiça e solidariedade sociais. E é exatamente este valor – a solidariedade – que devemos cuidar mais de perto. Eros Grau ensina que solidária é a sociedade que

> [...] não inimiza os homens entre si, que se realiza no retorno [...] a energia que vem da densidade populacional fraternizando e não afastando os homens uns dos outros.[256]

A questão, segundo Fábio Zambitte Ibrahim, tem fundamento na necessidade de se compartilhar os riscos, porque, individualmente, estes não poderiam ser suportados. Entretanto, adverte o autor, a saída parece residir na coerção, "impondo proteção recíproca no maior grau de cobertura", especialmente porque cabe ao Estado alcançar os fins ora estudados, "sendo a solidariedade ainda seu principal instrumento, mas agora dotada de compulsoriedade, uma vez internalizada no ordenamento".[257]

É a partir dessas premissas que se forma uma sistemática de proteção social, para a qual o constituinte, na lição de Zélia Luiza Pierdoná, uniu três direitos sociais – a saúde, a assistência e a previdência –, tendo por "objetivo a proteção de todos, nas situações geradoras de necessidades".[258]

Segundo a autora, esse sistema protetivo, que recebe a denominação de seguridade social

> [...] apresenta duas faces: uma delas garante a saúde a todos; a outra, objetiva a garantia de recursos para a sobrevivência digna dos cidadãos nas situações de necessidade, os quais não podem ser obtidos pelo

---

[256] GRAU, Eros Roberto. *A Ordem Econômica na Constituição de 1988 (interpretação e crítica)*. São Paulo: Malheiros Editores, 2010, p. 217.

[257] IBRAHIM, Fábio Zambitte. *A Previdência Social no Estado contemporâneo*: fundamentos, financiamento e regulação. Niterói, RJ: Impetus, 2011, p. 15 e 17.

[258] PIERDONÁ. Zélia Luiza. A proteção social na constituição de 1988. *Revista de Direito Social*. Porto Alegre: Notadez, 2007, p. 1. Disponível em: http://www.egov.ufsc.br/portal/sites/default/files/anexos/16475-16476-1-PB.pdf. Acesso em: 04 abr. 2015.

esforço próprio. Nesta segunda face encontramos a previdência e assistência.[259]

E a face que mais interessa para os fins do tema proposto, de todo o sistema de seguridade, é a que contempla a previdência social, voltada, de acordo com o conceito acima, aos que não podem obter recursos por meios próprios.

Sendo a previdência social fruto de uma concepção ampla, intitulada "seguridade social", e que guarda seus fundamentos no mínimo necessário à sobrevivência, no ideário de valorização do trabalho e na existência digna, é certo que não poderia pertencer a outro rol de direitos, que não os fundamentais.

Isso porque, se o contrário fosse, o modelo de Estado Democrático de Direito eleito pelo constituinte de 1988 não poderia ver concretizados seus objetivos fundamentais, mormente a tão almejada justiça social. É modo de pensar de Clarice Seixas Duarte:

> O acolhimento dos princípios de um Estado social e democrático de direito pela Constituição brasileira impõe, para a concretização desse modelo, não apenas o respeito aos direitos individuais (liberdade de expressão, direito de voto, direito de ir e vir), como também a realização dos direitos sociais [...]. O papel de destaque conferido aos direitos fundamentais como um todo em nosso sistema desautoriza qualquer tentativa de negar ou esvaziar a natureza jurídica dos direitos sociais [...] Tal esvaziamento, ademais, obstaria, ainda, a concretização dos objetivos de justiça social, explicitamente enunciados no artigo 3º (especialmente incisos I e III).[260]

Significa que a importância do tema – considerada sua união indissolúvel com os fundamentos e objetivos da República Federativa do Brasil – o erige à condição de direito social fundamental.

Com efeito, o direito à previdência social, previsto no artigo 6º da Carta da República de 1988 como um direito fundamental de

---

[259] PIERDONÁ. Zélia Luiza. A proteção social na constituição de 1988. *Revista de Direito Social.* Porto Alegre: Notadez, 2007, p. 1. Disponível em: http://www.egov.ufsc.br/portal/sites/default/files/anexos/16475-16476-1-PB.pdf. Acesso em: 04 abr. 2015.

[260] DUARTE, Clarice Seixas. A educação como um Direito Fundamental de natureza social. *Educação & Sociedade*, Campinas, v. 28, n. 100, p. 691-713, out. 2007. Disponível em: http://www.scielo.br/pdf/es/v28n100/a0428100.pdf. Acesso em: 07 abr. 2015.

natureza social, encontra-se detalhado no Título VIII, que trata Da Ordem Social, tendo sua disciplina prevista nos artigos 201 e 202. Zélia Pierdoná conceitua a previdência social como o

> [...] direito social assegurado a todos os trabalhadores e seus dependentes, o qual visa à garantia de recursos nas situações em que não poderão ser obtidos pelos próprios trabalhadores, em virtude de incapacidade laboral (efetiva ou presumida). No entanto, reveste-se também em dever, uma vez que exige a contraprestação direta do segurado para que ele e/ou seus dependentes possam fazer jus às prestações previdenciárias.[261]

A partir desse conceito, é importante que saibamos, para os fins pretendidos por este trabalho, que, por meio da previdência social, o trabalhador planeja – compulsória e antecipadamente – as situações futuras de risco a que poderá se submeter e que, certamente, lhe oferecerão a necessidade de contar com as prestações previdenciárias.

As situações de risco são enumeradas pelo artigo 201 e incisos da Constituição Federal e consistem, fundamentalmente, em: doença, invalidez, morte, idade avançada, maternidade, desemprego involuntário, salário-família, auxílio-reclusão e pensão por morte do segurado ao cônjuge e dependentes.

E essa previdência, que é social e obrigatória, possui um relevante pressuposto: o exercício de uma atividade remunerada e a consequente contraprestação direta do segurado. Significa que o Poder Público exige contribuições, por determinado período, para que o segurado e/ou seus dependentes tenham direito às benesses do sistema previdenciário.

Ressalte-se que a facultatividade previdenciária somente tem lugar quando se trata de um regime complementar – isto é: uma previdência complementar àquela que é social – cujo objetivo é assegurar a manutenção do padrão de vida do trabalhador, complementando a aposentadoria dos regimes obrigatórios.

Esclarecidas as peculiaridades dessa importante área da seguridade social, voltemos a refletir sobre a segunda parte do

---

[261] PIERDONÁ, Zélia Luiza. *Seguridade Social* (arts. 194 a 204).

conceito lançado pela autora (Professora Zélia Pierdoná), que se revela igualmente importante. Isso porque, se o direito social à previdência requer uma contraprestação do segurado, logo pensamos de que forma a seguridade social (gênero da qual pertence a previdência social) é financiada.

A esse respeito, é da Constituição (art. 195) que a seguridade social será financiada por toda a sociedade, diretamente, por meio das contribuições sociais descritas pelos incisos I ao IV do mencionado dispositivo; e indiretamente, pelos recursos advindos dos orçamentos dos entes federativos, cujas receitas são provenientes da tributação que é suportada por toda a sociedade.

O que se extrai, fundamentalmente, desses dispositivos é que a solidariedade impulsiona um sistema de proteção social compulsório, arcado por toda a sociedade e pelos próprios destinatários da benesse ao longo de sua atividade produtiva – diga-se: os trabalhadores – para que, em momentos de necessidade, sejam amparados por prestações protetivas.

A partir desse construto de ideias e conceitos, o trabalho exercido por meio de uma atividade econômica organizada – viabilizado por empreendimentos de pequeno porte – também é merecedor de uma sistemática de proteção, sobretudo porque padece das mesmas contingências geradoras de necessidade.

3.1.2 Proposta de um sistema de proteção empresarial incidente sobre contratos privados

A partir deste item, a presente pesquisa caminha para sua fase conclusiva e, sem dúvida, a mais interessante, sob a perspectiva acadêmica. A partir de agora, todos os dados e conceitos pesquisados se unem em razão de um propósito comum: propor um resultado inédito, uma tese com originalidade. Essa originalidade que se espera, no âmbito acadêmico de Doutorado, não significa, necessariamente, um assunto novo, um novo objeto antes nunca tratado. Significa, pois, o tratamento do objeto da pesquisa a partir de modelos teóricos diferenciados, que possam torná-lo original. Resulta do olhar do problema sobre um ângulo diferente, envolto de um "fôlego intelectual e criativo" que vai tornar o trabalho inovador.[262]

Nessa linha de raciocínio, é notório que a questão da assimetria contratual, assim como a interpretação atual dos contratos a partir dos princípios contemporâneos da função social, da boa-fé objetiva e da justiça contratual, são temas assaz sedimentados no meio jurídico e/ou acadêmico. No entanto, a originalidade se vislumbra a partir da proposta que ora formulamos, constituída a partir de conceitos de Direito Econômico e Constitucional, sobretudo, mas sem prejuízo da análise fática e realística suportada pelos pequenos empreendimentos no Brasil, afinal de contas, como assevera João Bosco Leopoldino da Fonseca,

> O legislador, ao editar normas de conteúdo econômico, deve estar sumamente atento à realidade econômica, que tem como uma de suas principais características a mutabilidade.[263]

Recorrendo aos ensinamentos de Roscoe Pound, o autor recorda que é preciso olhar de frente os fatos da conduta humana e encarar a economia, a filosofia e a sociologia, pois caberá aos juristas transformar o Direito dos livros no Direito da realidade,

> [...] fazendo com que o direito dos livros seja tal que o direito em ação possa se conformar com ele [...] Não deixemos nossos textos legais adquirirem santidade e tomar o caminho dos textos sagrados. Pois que as palavras escritas permanecem, mas o homem se muda.[264]

E essa constatação é muito relevante, porque o ser humano e a sociedade não são estáticos, assim como as formas de trabalho também não são. E o Direito não pode permanecer alheio a essa realidade. Portanto, a este complexo interpretativo e experimental convencionamos atribuir o título de "Sistema de Proteção Empresarial".

---

[262] MEZZAROBA, Orides e MONTEIRO, Cláudia Servilha. *Manual de metodologia da pesquisa no Direito*. São Paulo: Saraiva, 2009, p. 132-133.
[263] FONSECA, João Bosco Leopoldino da. *Direito Econômico*. Rio de Janeiro: Forense, 2014, p. 42.
[264] FONSECA, João Bosco Leopoldino da. *Direito Econômico*. Rio de Janeiro: Forense, 2014, p. 42.

Não é difícil perceber que o segmento dos pequenos negócios, assim qualificado em razão de seus rendimentos, encontra maior dificuldade para se manter no mercado.

Constantemente, seja como estratégia de atuação ou, simplesmente, para ampliar seus lucros, os grandes empreendimentos demitem pessoal em massa e rescindem contratos de fornecimento de bens ou serviços com as empresas menores. E, nesse efeito dominó, os pequenos negócios, ao lado dos demais trabalhadores, representam a parte mais fraca da relação mercadológica, podendo experimentar prejuízos que desafiam a sua própria existência.

Seja qual for a modalidade de sua materialização – por carteira assinada, como autônomo ou na forma de uma pequena empresa – o trabalho constitui um valor a ser preservado, pois é assim que as pessoas buscam a sobrevivência, a satisfação de suas necessidades e, como pretende o ordenamento jurídico, a existência digna.

Frise-se: o empreendimento de pequeno porte configura uma forma de se viabilizar o trabalho, cujo valor social aparece como fundamento da República Federativa do Brasil, ao lado da livre iniciativa e da dignidade da pessoa humana. Nestes termos, é necessário apostar em uma fórmula de proteção a essa parcela do mercado, com características próximas daquelas que marcam a proteção social ao trabalhador em situações geradoras de necessidades, afinal de contas, a existência de cada qual possui os mesmos fundamentos, devendo o ordenamento jurídico funcionar como uma engrenagem, com cada parte exercendo sua função. Ou, nas observações de Eros Grau, "Não se interpreta a Constituição em tiras, aos pedaços".[265]

É dizer: as bases estruturantes do empreendedor do pequeno negócio e do trabalhador em geral são as mesmas, sendo necessário um sistema protetivo – uma providência minimamente digna – que os resguarde nas situações de necessidade.

Com efeito, sendo a dignidade elemento propagador de efeitos para a compreensão de todo o aparato jurídico, a ideia amplamente difundida de solidariedade mútua também deve alcançar

---

[265] GRAU, Eros Roberto. *A Ordem Econômica na Constituição de 1988 (interpretação e crítica)*. São Paulo: Malheiros Editores, 2010, p. 164.

o trabalho exercido por meio de um empreendimento de pequeno porte, amparando um conceito inovador de que a fonte que custeia a seguridade social (art. 195, *caput*, da Constituição Federal) deve ser destinada, também, para arcar com o apoio transitório de um segmento menor e menos capaz economicamente.

Trata-se, evidentemente, de situação excepcional, temporária e que, em virtude de uma ocorrência involuntária, geradora de necessidade, impede os empreendimentos de diminuta estatura de prover seus próprios recursos.

Não se encontra no rol de propósitos deste estudo enveredar pelos debates acerca do orçamento previdenciário, analisando sua condição deficitária ou superavitária, sobretudo porque, para tanto, seria necessária uma pesquisa específica, exclusivamente destinada a desvendar esse assunto tão enigmático e que parece oscilar ao sabor ideológico de cada governo. Contudo, é certo afirmar que, quanto maior o número de agentes participantes dessa sistemática protetiva, maior a capilaridade de contribuição e de distribuição do risco.

Portanto, que reste bem vincado: ao mesmo tempo que essa situação geradora de necessidade deve ser suportada pelos setores mais abastados da economia, os recursos garantidores concorrem com a contribuição sempre presente das próprias empresas de pequeno porte, uma vez que, conforme esclarecido, a sistemática do direito social à previdência requer uma contraprestação do segurado, que deve contribuir para o seu financiamento.

Dessa forma, não se trata de uma proposta unilateral, eis que seus mais relevantes pressupostos estarão presentes: o exercício de uma atividade econômica e a consequente contraprestação direta do segurado (a pequena empresa).

Essas circunstâncias fundamentam a existência de um sistema protetivo, porque aquela concepção inicial de que a livre iniciativa é o caminho autêntico para lançar-se no mercado e garantir o suprimento das necessidades humanas, desvirtuou-se e perverteu-se em situação geradora de necessidade.

De se esperar, portanto, uma correção desse desvio, tudo em busca das pretensões fundamentais de construção de uma sociedade justa e solidária, que erradica a pobreza e propicia o bem de todos, partindo sempre dos pressupostos da justiça e solidariedade sociais.

Essa extensão do direito posto pode oferecer concreção ao pensamento de Fábio Zambitte Ibrahim de se compartilhar os riscos que, individualmente, não podem ser suportados.[266]

E a solução de compulsoriedade por ele defendida parece mesmo ser a única alternativa, mediante coerção internalizada no ordenamento jurídico, legitimando, mais uma vez, a intervenção do Estado como equalizador das forças de mercado.

Para tanto, a obrigatoriedade abrange todas as empresas e de todos os portes, cada qual contribuindo de acordo com sua capacidade – o tamanho de suas receitas –, tudo arrecadado pelo Estado, titular da viabilidade de proteção dos pequenos empreendimentos nas contingências geradoras de necessidades.

Não se afasta, em nenhum momento, a contraprestação direta do segurado, por determinado período, para que conquiste o direito às benesses dessa fórmula de proteção empresarial, devendo uma distinção prevalecer: os benefícios devem recair sobre a pessoa jurídica e não sobre a pessoa de seu empresário, para que não se confunda com o aparato trazido pela seguridade social em seu benefício, tais como as coberturas diversas, salários, auxílios e pensões.[267]

Constitui-se, aqui, também, uma fórmula financiada por todo o mercado, diretamente por meio das contribuições advindas das micro, pequenas, médias e grandes empresas ao longo de sua atividade produtiva.

O fundamento dessa sistemática proposta tem origem na solidariedade e nos demais princípios que regem o Estado brasileiro, podendo encontrar parâmetros legais nas Leis Federais nºs 8.212/1991, 7.998/1990, combinadas com as disposições da Lei Federal nº 8.029/1990, conforme trataremos oportunamente.

A peculiaridade da nova proposta reside, fundamentalmente, na inserção das pequenas empresas no sistema vigente, aprimorando-o para ampliar a gama de contribuição e cobertura. Confiramos, pois, a edificação desse sistema de proteção empresarial, incidente, até aqui, aos contratos privados.

---

[266] IBRAHIM, Fábio Zambitte. *A Previdência Social no Estado contemporâneo*: fundamentos, financiamento e regulação. Niterói, RJ: Impetus, 2011, p. 15 e 17.
[267] Essas benesses estão previstas no art. 201, inc. I, II, IV e V da Carta Magna.

A Constituição Federal do Brasil, em seu artigo 195, incisos I e II, estabelece que a seguridade social será financiada por toda a sociedade, mediante recursos provenientes: (1) do orçamento público; (2) das contribuições sociais advindas, entre outras, da (2.a) empresa (que incidem sobre a folha de pagamentos, sobre sua receita e o lucro) e (2.b) do trabalhador.

A organização da seguridade social, seu plano de custeio e assuntos relacionados são disciplinados pela Lei nº 8.212/91. Referida norma define a seguridade social como um conjunto integrado de ações de iniciativa dos poderes públicos e da sociedade, destinado a assegurar, entre outros direitos que, aqui, não são relevantes, a previdência social (art. 1º).[268]

O artigo 3º do regramento infraconstitucional situa a previdência social como o mecanismo que assegura aos seus beneficiários os meios indispensáveis de manutenção, quando estes incorrerem em situações geradoras de necessidade, a exemplo de incapacidade laboral e desemprego involuntário, disposição que decorre da proteção ao trabalhador em situação de desemprego involuntário, entre outras contingências, arroladas pelo artigo 201 do Texto Magno.

Para tanto, são segurados obrigatórios as pessoas físicas que especifica (art. 12), tanto como empregados (inc. I), como na condição de contribuintes individuais (inc. V), neste último rol incluídos o titular de firma individual, sócios, trabalhadores avulsos e proprietários ou não que exercem determinadas atividades econômicas.

Perceptível que as empresas não compõem, expressamente, o rol de destinatários dos benefícios da previdência social, intitulados como "segurados obrigatórios". Apesar desse fato, o elenco faz alusão a diversas atividades econômicas exercidas individualmente por pessoas em sede de firma individual, atividade agropecuária, extração mineral (inc. V, "a", "b" e "f"), entre outros.

---

[268] É a definição de previdência social que nos interessa de perto. Apesar disto, é relevante registrar que a seguridade social envolve outros direitos, tais como o direito à saúde e à assistência social. Os conceitos de tais direitos, dispostos, respectivamente, pelos artigos 2º e 4º da Lei nº 8.212/91, não se relacionam com a proposta do presente trabalho.

As contribuições a cargo da empresa correspondem a 20% (vinte por cento) sobre o total das remunerações pagas durante o mês (salários, gorjetas, reajustes etc.), 2% (dois por cento) sobre a receita bruta e 10% (dez por cento) sobre o lucro líquido, matérias que estão disciplinadas, respectivamente, pelos artigos 22 e 23 da referida lei.

Acerca da necessidade, outrora afirmada, de os recursos garantidores do Sistema de Proteção Empresarial concorrerem com a contribuição das próprias empresas de pequeno porte (contraprestação do segurado, que deve contribuir para o seu financiamento), propomos o reajuste da alíquota incidente sobre a receita bruta, de forma a suportar a nova gama de segurados.

Nesse cenário, e: (i) diante da necessidade de se reconhecer que o trabalho realizado no âmbito de uma pequena empresa também é merecedor de uma sistemática de proteção, eis que padece de necessidades análogas àquelas suportadas por um trabalhador convencional;[269] (ii) tendo em vista que a delimitação do presente estudo, para o âmbito das relações privadas, indicou que o contrato de distribuição – não obstante a presença de outros contemplados pelo ordenamento jurídico – reúne as principais condições de assimetria contratual; e (iii) considerando que o rompimento de uma relação dessa natureza pode gerar à pequena empresa distribuidora prejuízos que traspassam a capacidade reparatória da lei civil, vislumbramos que medida protetiva semelhante àquela contida na Lei nº 7998/1990 seja capaz de preencher as necessidades pós-contratuais do pequeno empreendimento.

A mencionada disposição legal disciplina, entre outros assuntos da mesma natureza, a assistência financeira temporária ao trabalhador desempregado, em virtude de dispensa sem justa causa, além de auxílio em ações de orientação e qualificação profissional (art. 2º, inc. I e II).

A partir desse cenário, que demonstra a preocupação com a sobrevivência do trabalhador *convencional* em momento imediatamente posterior à rescisão do contrato provedor de seu sustento, a proposta resultante dessa pesquisa consiste em incluir o empreendimento de

---

[269] Isto é: daqueles trabalhadores destinatários das normas da previdência social (empregado e contribuinte individual, fundamentalmente). Vide art. 12, inc. I e V da Lei nº 8.212/91.

pequeno porte no sistema de proteção existente. E de que forma? Uma solução possível é a criação de dispositivos, dentro do ordenamento jurídico vigente, capazes de amparar a situação proposta. Os termos devem contar com a seguinte dicção:

> Artigo – São segurados obrigatórios da Previdência Social:
> Inciso – como pessoa jurídica:
> Alínea – o empreendimento de pequeno porte, assim definido em lei, que mantenha, com empresa de médio ou grande porte, contrato por prazo indeterminado de escoamento de bens ou serviços, em caráter de acordo vertical, sob imposição de restrições verticais.[270]

Ato contínuo, no ordenamento que dispõe sobre a organização da Seguridade Social, deverá ser instituído o Sistema de Proteção Empresarial, nos seguintes termos:

> Artigo – O Sistema de Proteção Empresarial tem por finalidade:
> Inciso – prover assistência financeira temporária ao empreendimento de pequeno porte em virtude de rescisão do contrato por prazo indeterminado de escoamento de bens ou serviços, em caráter de acordo vertical, sob imposição de restrições verticais.
> Inciso – auxiliar o empreendimento de pequeno porte na busca de maior competitividade, oferecendo, por meio de entidades especializadas no apoio ao segmento, ações integradas de capacitação e orientação empresarial, em conformidade com as políticas nacionais de desenvolvimento.

---

[270] A disposição deve abarcar todos os contratos de escoamento de produtos e serviços, tendo em vista a observação feita por Paula Forgioni, no sentido de que: "Nos acordos verticais, são destacadas as 'restrições verticais' [em nota de rodapé: Por exemplo, exclusividade, vendas casadas, divisão de mercado e controle sobre os preços de revenda], independentemente do tipo de contrato que as encerra. Sob a perspectiva do direito concorrencial, as restrições verticais nada mais são do que estipulações contratuais geralmente inseridas nos chamados contratos da distribuição (distribuição, franquia, agência ou representação comercial, comissão e outros que viabilizam o escoamento da produção que limitam a liberdade de atuação do distribuidor ou fornecedor)". (FORGIONI, Paula Andrea. *Contato de distribuição*. 2. ed. São Paulo: Revista dos Tribunais, 2008, p. 50).

Inciso – para efeito do disposto no inciso anterior, fica designado o serviço social autônomo, criado pela Lei nº 8.029/1990 – o SEBRAE (Serviço Brasileiro de Apoio às Micro e Pequenas Empresas) –, por meio de sua Unidade Nacional e todas as suas Unidades Federativas distribuídas pelos Estados da Federação, para fomentar, através de ações integradas de capacitação e orientação empresarial, o desenvolvimento sustentável, a competitividade e o aperfeiçoamento técnico das microempresas e das empresas de pequeno porte industriais, comerciais, agrícolas e de serviços, notadamente nos campos da economia, administração, finanças e legislação.[271]

Parágrafo – as ações integradas de capacitação e orientação empresarial compõem os programas, projetos e atividades a que se refere o artigo 9º da Lei nº 8.029/1990[272], sendo custeadas na forma dos parágrafos 3º e 4º do artigo 8º da referida lei.

Artigo – Terá direito à percepção do Sistema de Proteção Empresarial o empreendimento de pequeno porte, assim definido em lei, que mantenha, com empresa de médio ou grande porte, contrato por prazo indeterminado de escoamento de bens ou serviços, em caráter de acordo vertical, sob imposição de restrições verticais, que comprove:

Inciso – não ser o responsável pela rescisão contratual.

Inciso – prestar serviço ou fornecer bens, exclusivamente em nome do contratante, nos últimos 12 (doze) meses imediatamente anteriores à data da rescisão contratual.

Inciso – não possuir outro contrato suficiente à manutenção de seu empreendimento.

Inciso – matrícula e frequência em ações integradas de capacitação e orientação empresarial, em conformidade com as políticas nacionais de desenvolvimento.

Inciso – o benefício do Sistema de Proteção Empresarial será concedido ao empreendimento de pequeno porte, nas condições estabelecidas por esta norma, por período máximo de 5 (cinco) meses.

---

[271] Esta redação foi concebida a partir de disposições estatutárias daquela entidade (art. 5º). SERVIÇO BRASILEIRO DE APOIO ÀS MICRO E PEQUENAS EMPRESAS – SEBRAE. *Estatuto Social SEBRAE*. Brasília, 2009. Disponível em: https://m.sebrae.com.br/Sebrae/Portal%20Sebrae/Anexos/Estatuto%20Social%20Sebrae.pdf. Acesso em 04 nov. 2017.

[272] "Art. 9º – Compete ao serviço social autônomo a que se refere o artigo anterior planejar, coordenar e orientar programas técnicos, projetos e atividades de apoio às micro e pequenas empresas, em conformidade com as políticas nacionais de desenvolvimento, particularmente as relativas às áreas industrial, comercial e tecnológica."

Parágrafo – o benefício do Sistema de Proteção Empresarial poderá ser retomado a cada novo período aquisitivo, satisfeitas as condições estabelecidas.

Observa-se, aqui, que a proposta não constitui mera assistência financeira, mas também a capacitação empresarial para o fortalecimento competitivo do segmento, eis que, como asseverado, o objetivo nuclear dessa fórmula não consiste na proteção desprovida de um significado maior, dissonante das disposições da Constituição da República. Ao contrário, o desígnio consiste em proteger, homenageando a pretensa manutenção de um mercado plural e inclusivo.

3.2 A proteção sobre os contratos administrativos

No decorrer desta pesquisa, pudemos concluir que a assimetria que acomete a atuação das pequenas empresas não está adstrita ao âmbito contratual privado. Ela ocorre, também, na esfera dos contratos administrativos. É dizer: naqueles que são celebrados entre os particulares e a Administração Pública, objetivando a prestação, execução ou fornecimento, em favor desta, de serviços, obras ou bens.

A partir dos princípios constitucionais que impõem o tratamento favorecido e diferenciado em prol dos pequenos empreendimentos, a Lei Complementar nº 123/2006 avançou bastante ao conferir benesses a esse segmento no decorrer do procedimento licitatório (que antecede o contrato administrativo), objetivando equilibrar suas forças com outros concorrentes de maior porte. Mas as medidas da lei não bastam! Não se vislumbra, em todo o ordenamento jurídico, qualquer dispositivo capaz de equilibrar as forças travadas entre a pequena empresa contratada e a Administração Pública contratante, durante a vigência do respectivo pacto administrativo.

Observamos que, nessa fase, a pequena empresa se encontra totalmente desamparada de proteção contra a eventual atuação desmedida do contratante que, por sua natureza pública, naturalmente pode exercer prerrogativas que tornam a relação contratual assimétrica.

Foram realizadas análises das prerrogativas e concluímos que a nocividade mais significativa que pode recair em desfavor dos parcos recursos do pequeno empreendimento, contribuindo, ainda mais, para elevar sua taxa de mortalidade, reside na aplicação de multas.

É que sanções dessa natureza resultam em redução direta do patrimônio do contratado, e, no caso de uma empresa pequena – em que seus rendimentos são, por natureza, diminutos –, os prejuízos suportados podem ser fatais.

Concluímos que não há fixação legal de percentuais para essas penalidades administrativas, cabendo à Administração, antes de publicar o edital da licitação, orientar-se pelos princípios da razoabilidade e proporcionalidade. Apesar disso, a prática tem revelado a adoção de percentuais entre 0,02% e 0,5%, na multa moratória, sobre o valor da parcela contratual inadimplida, incidentes por dia de atraso, e de 10% a 30% no caso de multa compensatória, aplicada em razão de inadimplemento absoluto da obrigação contratual.[273]

Os debates doutrinários não vão além de recomendar que o valor decorrente da cláusula penal não deve superar o valor da obrigação principal, em função do que prevê o artigo 412 do Código Civil, evitando, também, os excessos, que poderiam configurar, em casos extremos, o enriquecimento sem causa.[274] Ademais, são invocados os princípios da razoabilidade e da proporcionalidade, oferecendo o entendimento de que os critérios adotados devem ser racionais, equilibrados, afastando-se os critérios personalíssimos,[275] observando-se a compatibilidade entre a gravidade e a reprovabilidade da infração. Ou seja: repudia-se o excesso.[276]

---

[273] Revista Zênite ILC. Ed. 233. Julho de 2013. Disponível em: https://www.zenitefacil.com.br/pesquisaCliente#7C69A530-9F84-4E49-AFE0-2E10A18B86CF. Acesso em: 09 out. 2017.

[274] Revista Zênite ILC. Ed. 169. Março de 2008. Disponível em: https://www.zenitefacil.com.br/pesquisaDocumento?idDocumento=7CF3DB4D-4D62-40BB-A7D5-53BE999D3CC6. Acesso em: 09 out. 2017.

[275] BANDEIRA DE MELLO, Celso Antônio. *Curso de Direito Administrativo*. São Paulo: Malheiros, 2014, p. 111.

[276] JUSTEN FILHO, Marçal. *Comentários à Lei de Licitações e Contratos Administrativos*. São Paulo: Dialética, 2008, p. 815.

É no mesmo sentido o posicionamento jurisprudencial, acrescentando que a interpretação deve sofrer influência dos valores e princípios constitucionais relacionados à igualdade, justiça social e solidariedade, bem como pela noção de boa-fé objetiva, transparência e razoabilidade.[277]

Apesar da preocupação, na esfera das contratações públicas, com o equilíbrio das sanções impostas, que devem ser harmônicas com os atuais princípios do direito contratual, é certo que a razoabilidade e a proporcionalidade não resolvem o problema das pequenas empresas quando recebem a aplicação de multas. A partir desses princípios, coíbe-se – é verdade – o ato desarrazoado ou o locupletamento. Contudo, em nada observam a estatura do penalizado e sua capacidade econômica para honrar e sobreviver, sobretudo, às medidas sancionatórias de caráter eminentemente pecuniário.

A esta altura da pesquisa, não é excesso recordar – aliado ao tema da assimetria contratual, notadamente ligado à desigualdade de poderes econômicos entre os polos contraentes – que o Estado é detentor de poder.

Manoel Gonçalves Ferreira Filho cogitou a existência de poder econômico no Estado. Segundo o autor, antes mesmo da convocação da Constituinte, ainda no ano de 1986, as tensões ideológicas começaram a surgir. De um lado, os grupos socializantes que, originariamente sonhando com um tipo de economia centralizada, dirigida pelo Estado, aceitaram, frente às oposições que encontraram, a atuação estatal direta e indireta. Isso porque, ao lado de grupos "mais ecléticos na ideologia", e mais numerosos em representação, lograram alcançar um sistema "desapegado de interesses particulares e mesquinhos, como a ânsia de lucros". A oposição, que era formada por uma força oriunda do empresariado industrial mais dinâmico do país, e por outra, formada por elementos ligados à área rural, que suportava o Estado, mas desde que não interferisse na propriedade agrária, reivindicou o estabelecimento de limites para

---

[277] Superior Tribunal de Justiça. *Recurso Especial nº 914.087-RJ (2007/0001490-6)*. Relator: Ministro José Delgado. Data de Julgamento: 23 jun. 2008. Primeira Turma. Disponível em: https://ww2.stj.jus.br/processo/pesquisa/?tipoPesquisa=tipoPesquisaNumeroRegistro&termo=200700014906&totalRegistrosPorPagina=40&aplicacao=processos.ea. Acesso em: 30 nov. 2017.

a ingerência estatal na economia, criando garantias para a liberdade econômica, atendendo, parcialmente, à reivindicação neoliberal, pautada no resguardo do mercado, da livre iniciativa e da livre concorrência "contra o Estado e seu poder econômico".[278]

Dessa forma, o reconhecimento do Estado, enquanto detentor de poder econômico, denota, na perspectiva de Manoel Gonçalves Ferreira Filho, a adesão à linha ideológica que tentava afastar o Estado do mercado, como se ambos não pudessem coexistir e, mais do que isso, como se um não necessitasse do outro. Se o Estado detém poder de natureza econômica, essa situação decorre de sua titularidade em relação à arrecadação e à gestão pública do erário. Não se trata de exercer poder destinado a assumir posição dominante no mercado. Suas formas de atuação nesse sentido são bem definidas pelo Texto Magno. Mas que reste bem vincado: essas situações não ocorrem em função do exercício de interesses egoísticos – que fundamentaria a ação de um agente econômico particular –, mas da preservação do interesse público, inclusive o interesse do próprio mercado.

Foram inúmeros os exemplos e interpretações, ao longo dessa pesquisa, que revelaram o reconhecimento de que o Estado não deve ser máximo, mas também não deve ser mínimo. Deve, pois, ser do tamanho que a situação econômica e social do país requer que ele seja. É dizer: reconhecemos a necessidade da atuação estatal, na forma disciplinada pela Constituição Federal, sobretudo enquanto garantidor do equilíbrio das forças no mercado, valor que assegura a existência dos agentes econômicos desprovidos de recursos, contra a eventual hegemonia de outros, mais abastados.

É por isso que, em vez de reconhecer que o Estado exerce poder econômico por ocasião de suas contratações administrativas, é justo perfilhar o exercício de seu poder público, donde decorrem suas prerrogativas e, a partir delas, o seu direito de punir os contraentes particulares, em razão do descumprimento, total ou parcial, das obrigações assumidas. Daí decorrem as mais profundas reflexões na órbita do Direito Administrativo –

---

[278] FERREIRA FILHO, Manoel Gonçalves. A Constituição Econômica. *Revista de Direito Administrativo*, Rio de Janeiro, n. 178, p. 18-23, out./dez. 1989.

desinteressantes, nessa intensidade, ao tema desta pesquisa –, sobre a supremacia do interesse público sobre o interesse privado, enquanto valor inerente a qualquer sociedade, como condição de sua própria existência.[279]

Vale ponderar que o interesse público é igualmente satisfeito quando assegurada a manutenção e o convívio harmônico de todos os princípios emanados da Lei Maior do país, especialmente porque os contornos, vetores e perspectivas do Direito Administrativo são determinados pelo Direito Constitucional.

> Assim, pois, todos os institutos interessantes ao Direito Administrativo que dizem com a intervenção do Estado no domínio econômico e no domínio social haverão de consistir na aplicação concreta dos correspondentes comandos residentes na Constituição.
> [...]
> À vista dos dispositivos citados, é claro a todas as luzes que a Constituição brasileira apresenta-se como uma estampada antítese do neoliberalismo, pois não entrega a satisfatória organização da vida econômica e social a uma suposta (e nunca demonstrada) eficiência do mercado. Pelo contrário, declara que o Estado Brasileiro tem compromissos formalmente explicitados com os valores que nela se enunciam, obrigando a que a ordem econômica e a social sejam articuladas de maneira a realizar os objetivos apontados.[280]

Em razão dessa linha de raciocínio, em que o Direito Administrativo tem sua fisionomia contornada pelos valores preservados pela Constituição Federal, urge reconhecer que, no âmbito dos contratos administrativos, as penalidades de natureza pecuniária – as multas – devem respeitar a hipossuficiência econômica da pequena empresa contratada, cujo tratamento favorecido e diferenciado também se reveste de hierarquia constitucional.

A partir dessa constatação, tentaremos esclarecer de que forma essa proteção contratual administrativa deve ocorrer, sobretudo para preservação de um segmento portador de maiores dificuldades de sobrevivência.

---

[279] BANDEIRA DE MELLO, Celso Antônio. *Curso de Direito Administrativo*. São Paulo: Malheiros, 2014, p. 99.
[280] BANDEIRA DE MELLO, Celso Antônio. *Curso de Direito Administrativo*. São Paulo: Malheiros, 2014, p. 808 e 810.

3.2.1 Proposta de um sistema de proteção empresarial incidente sobre contratos administrativos

Embora o empreendimento de diminuta estatura amargue situação desfavorável e dificuldades de sobrevivência desde tempos remotos da história do Brasil, somente em 2006, por meio da Lei Complementar nº 123, passou a contar com benesses que tentam equalizar suas forças com os agentes econômicos de maior porte nas contratações com a Administração Pública. Antes disso, malgrado a existência de dispositivos de apoio ao segmento, nenhum irradiava efeitos sobre o setor público.

Atualmente, no que se refere ao tema das contratações públicas, são estas as disposições da Lei Complementar nº 123/2006 sobre o assunto:

> Art. 1º – Esta Lei Complementar estabelece normas gerais relativas ao tratamento diferenciado e favorecido a ser dispensado às microempresas e empresas de pequeno porte no âmbito dos Poderes da União, dos Estados, do Distrito Federal e dos Municípios, especialmente no que se refere:
> [...]
> III – ao acesso a crédito e ao mercado, inclusive quanto à preferência nas aquisições de bens e serviços pelos Poderes Públicos, à tecnologia, ao associativismo e às regras de inclusão.

Em trecho específico (Capítulo V), referida lei trata das "Aquisições Públicas". São oito artigos (42 ao 49) que disciplinam, em síntese, os benefícios da regularidade documental tardia, os critérios de desempate de propostas e, também, as licitações diferenciadas, por meio das quais é possível a destinação exclusiva do certame, ou parte dele, ao segmento das pequenas empresas.

Perceptível que as relações contratuais não compõem o rol de benesses trazido pela Lei Complementar nº 123/2006. Nesse cenário, e: (i) diante da necessidade de se estabelecer tratamento diferenciado no âmbito dos contratos administrativos; (ii) tendo em vista que a Administração Pública pode, em razão de suas prerrogativas, aplicar sanção de multa à pequena empresa, utilizando do mesmo percentual, fixado em edital, que recairia sobre empresas maiores, e; (iii) considerando que a aplicação de multa alheia à capacidade econômica da pequena empresa pode revelar-se lesiva ao seu patrimônio e, quiçá, à sua sobrevivência mercadológica, vislumbramos que medida protetiva semelhante àquela contida no Capítulo V da Lei Complementar nº 123/2006 seja capaz de satisfazer as necessidades do pequeno empreendimento durante a vigência do contrato administrativo.

A partir de um ambiente legal existente, que demonstra a preocupação com a equalização das forças entre os concorrentes durante a licitação, exclusivamente, a proposta resultante desta pesquisa consiste em ampliar o tratamento diferenciado ao âmbito do contrato administrativo. A solução é a inclusão dos seguintes dispositivos, capazes de amparar a situação proposta:

> Artigo – Na vigência dos contratos celebrados com a Administração Pública, será assegurada, como critério de aderência à capacidade econômica da pequena empresa contratada, a aplicação de sanções administrativas da modalidade multa, proporcional ao seu faturamento, observando-se as seguintes diretrizes:
>
> Inciso – análise da situação financeira atual da pequena empresa a ser penalizada, mediante averiguação dos documentos contábeis e contratuais pertinentes, tais como notas fiscais, notas de empenho, contratos diversos, balanço patrimonial e outros, a critério da Administração contratante.
>
> Inciso – análise dos valores percebidos pela pequena empresa a ser penalizada, em razão do ajuste firmado com a Administração contratante.
>
> Inciso – para aplicação da sanção administrativa da modalidade multa, a Administração contratante deverá considerar, motivada e cumulativamente, os seguintes critérios:
>
> Alínea – a sanção administrativa da modalidade multa não poderá comprometer a existência da pequena empresa, adotando-se, como parâmetro, o resultado da fórmula prevista no inciso primeiro e os montantes necessários à quitação das dívidas vinculadas à sua atividade empresarial, inclusive trabalhistas.
>
> Alínea – os parâmetros resultantes da fórmula do inciso segundo.
>
> Alínea – os prejuízos suportados pela Administração contratante, em razão da inadimplência contratual constatada.

Com isso, a proposta não consiste no banimento das sanções administrativas de caráter pecuniário – as multas moratórias e compensatórias –, as quais devem continuar recaindo sobre os empreendimentos de diminuta estatura, por ocasião de atraso ou descumprimento, total ou parcial, das obrigações assumidas em sede de contrato administrativo.[281] A proposta consiste, pois, em oferecer tratamento diferenciado, extensivo à esfera contratual, para que as reprimendas administrativas não incrementem, ainda mais, o elevado índice de mortalidade protagonizado pelo segmento, pervertendo-se, de tal forma, em mecanismo inibitório dos princípios constitucionais de regência.

---

[281] Afinal, ao conceder o tratamento favorecido e diferenciado, o que o legislador quis dizer é que a atividade empresária realizada por pequenos empresários merece tratamento compatível com essa condição no cenário produtivo nacional (MASSO, Fabiano Dolenc Del. *Direito Econômico esquematizado*. São Paulo: Método, 2015, p. 71).

CONCLUSÃO

Desatadas as amarras conceituais, descobrimos os verdadeiros sentidos do empreendedorismo no Brasil: necessidade, resistência e ruptura.

No cenário jurídico vigente, protagonizado pela Carta da República de 1988, o empreendedorismo tem fundamento no princípio da livre iniciativa, que revela a opção política do nosso sistema pela forma de produção capitalista, legitimando um ambiente para que os particulares constituam empresas – além de outras formas possíveis de trabalho – e exerçam atividades econômicas.

Em razão de sua afinidade com o referido princípio constitucional, convencionamos intitular o comportamento empreendedor como sendo o *aspecto subjetivo* da livre iniciativa, afinal, é a partir dessa conduta que os agentes econômicos são impulsionados a ingressarem no mercado.

Sua fama, em âmbito mundial, é das melhores. Isso porque é comum relacionar esse comportamento às mais sofisticadas virtudes e anseios do ser humano, tais como vocação para gestão de negócios (ou formação superior específica nessa área), visão de futuro, realização pessoal e ambição pelo sucesso de uma forma geral.

Grande equívoco! Na maioria dos casos, o ambiente da livre iniciativa não conta com particulares que buscam riqueza, poder ou *status social* e, tampouco, conservam aquelas características promissoras. O cenário é, pois, marcado por um enorme contingente de pessoas que projetam, no exercício de uma atividade econômica organizada, sua única forma de subsistência.

É, ainda, empreendedorismo. Mas aqui o viés subjetivo não contempla conhecimentos em administração de empresas, gestão de negócios, necessidade de reconhecimento, nem vocação hereditária e, muito menos, investimento significativo em capital de giro. As soluções implantadas são bem mais modestas, porque decorrem de estrato social menos favorecido, do qual advém a pessoa do empreendedor, circunstância que definirá o porte diminuto de seu negócio, suportando, a partir de então, toda a gama de dificuldades típicas de sua estrutura.

Constatamos, com apoio em pesquisas especializadas, que o segmento dos pequenos empreendimentos é a maioria, representando nada menos que 99% de todas as empresas constituídas no país, além de gerar mais de um quarto do produto interno bruto. Portanto, constitui baluarte da economia, a partir de sua contribuição para gerar emprego e renda.

Soma-se a essas peculiaridades a sua reduzida capacidade de coexistência no mercado com outros empreendimentos de maior porte, amparados pelo poderio econômico de seus titulares, fato que fundamenta a intenção do constituinte de 1988 em erigir os pequenos negócios ao patamar de princípio da ordem econômica.

E esse assunto é de grande relevo, pois, a partir da investigação bibliográfica acerca de um legado iníquo, vislumbramos, desde sempre, a trajetória da supremacia do grande capital, em contraste com a resistência das classes oprimidas pelas condições desfavoráveis a que eram submetidas.

Esse cenário – de pura necessidade – deu origem à formação de um tipo de empreendimento hipossuficiente, diante da ótica econômica, que corresponde, respeitada sua evolução no tempo, às mesmas pequenas empresas que hoje são amparadas por nossas leis e, frise-se, pelos mesmos motivos: a persistente falta de recursos.

Interessante notar que a grande massa de trabalhadores que arcou com a condução dos negócios de pequeno porte era, antes, composta por egressos do regime escravista ou semisservil e, hoje, por egressos do mercado de trabalho, egressos do sistema penitenciário ou desapossados de um modo geral, que buscam (ou amargam) uma ruptura com o sistema convencional de emprego, mas, frise-se, todos igualmente desprovidos de recursos financeiros que lhes possam assegurar qualquer perspectiva de crescimento.

Não obstante o passar dos séculos e, apesar da importante incumbência, dotada de impactos econômicos e sociais, cada qual em sua época, os pequenos empreendimentos nunca deixaram de enfrentar muitos obstáculos, característica de uma organização social estruturada a partir e sob influência dos interesses do grande domínio.

Todas as considerações aqui tecidas revelam que o exercício de atividades econômicas em empreendimentos de pequeno porte decorre, hoje, da liberdade de iniciativa, devidamente legitimada pelo arcabouço constitucional e pela própria estrutura política do país. Sua origem, contudo, era apoiada em um instituto bem próximo – existente de fato, mas não juridicamente – que, a partir das constatações até aqui alcançadas, convencionamos intitular de *necessidade* de iniciativa, em razão da busca por um meio de subsistência.

As duas formas preservam idêntica razão existencial na origem, no aparato de produção e no destino de pouca perspectiva e desesperança crônica, o que não afasta o empreendedorismo de seus titulares, que, sempre envoltos por persistência e criatividade – peculiaridades presentes desde os primórdios no espírito da população brasileira – cria uma forma de ruptura e resistência ao poder econômico, sempre dominante desde o nosso descobrimento.

Estão escancarados, para quem quiser conhecer, os famigerados escândalos de corrupção, que revelam, acima de tudo, um estilo de vida pautado em valores egoísticos, mediante o acúmulo abusivo e desenfreado de capital, em detrimento do restante do mercado, em flagrante contradição com a *res publica*, sobrepondo o interesse privado dos poderosos agentes de mercado sobre o interesse público. É o domínio dos mercados, do direito e da política.

O cenário é protagonizado por grandes organizações. As pequenas empresas não participam, exceto nas ocasiões em que são utilizadas como pessoas jurídicas interpostas, mas, ainda assim, para atender a interesses alheios.

São esses motivos, aliados aos anseios da Carta Política de 1988, que nos motivam a apostar em um Sistema de Proteção Empresarial, inovador, coerente e incidente sobre as contingências geradoras de necessidade desse segmento.

Facilmente, diante das conclusões aqui alcançadas, uma "grande emissora" afirmaria que apostar na pequena empresa ainda é um grande negócio. Sim, indubitavelmente. Mas aqui – longe de seus holofotes, longe do alarmismo – essa afirmativa segue revestida de fundamentos científicos, todos amplamente debatidos ao longo desta tese.

Foram identificados, por meio dos estudos realizados, duas situações relevantes, uma nos contratos privados e outra nos contratos públicos, em que a assimetria da pequena empresa alcança seu ápice. As circunstâncias estudadas, além de outras possíveis, legitimam a intervenção do Estado no domínio econômico, por meio do tratamento favorecido e diferenciado em favor desse segmento.

O objetivo é reprimir abusos de toda ordem e, principalmente, aqueles decorrentes do poder econômico, os quais podem desvirtuar o formato constitucional, consistente na liberdade de empreender, articulada com preceitos socializantes de equilíbrio de forças para preservação da coexistência de todos os agentes, de todos os portes e origem, no mercado.

A proposta formulada consistiu, então, na apresentação de uma solução para atenuar as consequências da assimetria, que podem acometer os pequenos empreendimentos quando têm, no âmbito privado, seus contratos de distribuição rompidos ou, na esfera dos contratos administrativos, multas moratórias ou compensatórias desproporcionais ao porte da empresa.

Essas duas ocasiões foram, portanto, definidas no presente trabalho como aquelas que comprometem, expressivamente, o orçamento e a sobrevivência da pequena empresa, que suportam sequelas potencialmente irreparáveis.

A proposta, intitulada como "Sistema de Proteção Empresarial", consiste, fundamentalmente, em atrair um regime de proteção, no âmbito dos contratos privados, já contemplado pela Constituição da República, estendendo seus efeitos aos empreendimentos de pequeno porte, em que a necessidade e hipossuficiência de seus titulares equiparam sua atividade negocial ao trabalhador de outros segmentos.

À esfera pública, a proposta também recai sobre dispositivos legais existentes que, em consonância com preceitos que irradiam da Carta Magna, estabeleceram algumas benesses às pequenas empresas. É reconhecido, então, que tais benesses não estão completas, porque não alcançam a fase da execução do contrato administrativo.

As propostas, para contratos privados e públicos, foram redigidas em forma de artigos, incisos e, até mesmo, parágrafos, tudo de maneira didática, tornando-as mais compreensivas.

Se for um alívio saber que histórias pertencem ao passado, é deprimente reconhecer que o passado resiste a nos deixar. Mas é uma grande virtude preservar a convicção de que as gerações futuras poderão contar com maior sorte.

A esperança reside na interpretação – e concreção – dos mandamentos constitucionais a partir de pontos de vista menos egoísticos, em que o social se sobreponha ao privatístico. Mas tudo vai depender de manifesta vontade política, que imprima à institucionalidade do Estado uma linha de conduta nesse sentido, superando a blindagem do poder econômico e resgatando o verdadeiro sentido dos valores sociais do trabalho, da livre iniciativa e da existência digna, na perspectiva de um mercado plural e inclusivo, conforme os ditames da justiça social.

REFERÊNCIAS

ALENCAR, Rafael Vieira de; CORTEZ, Maysa Cortez. A Ausência de Critérios Judiciais na Prorrogação Compulsória dos Contratos de Distribuição. In: XXV Encontro Nacional do CONPEDI, 2016, p. 445. Disponível em: https://www.conpedi.org.br/publicacoes/y0ii48h0/vgn7y7g7/P81aZ2wXMV469Oyw.pdf. Acesso em: 13 jul. 2017.

ALMEIDA, Amador Paes de. *Comentários ao Estatuto da Microempresa e da Empresa de Pequeno Porte.* São Paulo: Saraiva, 2009.

ARAÚJO, Eugênio Rosa de. *Direito Econômico & Financeiro.* Rio de Janeiro: Impetus, 2013.

AZEVEDO, Antonio Junqueira de. Princípios do novo Direito Contratual e desregulamentação do mercado (parecer). *Revista dos Tribunais*, ano 87, v. 750, abr. 1998.

BAGNOLI, Vicente. *Direito Econômico.* São Paulo: Atlas, 2013.

BAGNOLI, Vicente. *Introdução ao Direito da Concorrência:* Brasil – Globalização – União Européia – Mercosul – Alca. São Paulo: Singular, 2005.

BANDEIRA DE MELLO, Celso Antônio. *Conteúdo jurídico do princípio da igualdade.* São Paulo: Malheiros, 2005.

BANDEIRA DE MELLO, Celso Antônio. *Curso de Direito Administrativo.* São Paulo: Malheiros, 2014.

BARBOSA, Marco Antonio e outros. *O Direito na sociedade da informação.* São Paulo: Atlas, 2009.

BARROSO, Luís Roberto. *Interpretação e aplicação da Constituição:* fundamentos de uma dogmática constitucional transformadora. São Paulo: Saraiva, 1996.

BASTOS, Celso Ribeiro e MARTINS, Ives Gandra da Silva. *Comentários à Constituição do Brasil.* São Paulo: Saraiva, 2000.

BASTOS, Celso Ribeiro. *Direito Econômico brasileiro.* São Paulo: IBDC, 2000.

BRANDÃO, Wilson de Andrade. *Lesão e contrato no Direito Brasileiro.* Rio de Janeiro: Aide, 1991.

BRASIL. Constituição (1988). *Constituição da República Federativa do Brasil,* de 5 de outubro de 1988.

BRASIL. *Emenda Modificativa nº 28/2012 ao Projeto de Lei nº 1572, de 2011, que Institui o Código Comercial.* Disponível em: http://www.camara.gov.br/proposicoesWeb/prop_mostrarintegra?codteor=1000730&filename=EMC+28/2012+PL157211+%3D%3E+PL+1572/2011. Acesso em: 7 set. 2017.

BRASIL. *Lei Complementar nº 123*, de 14 de dezembro de 2006. Institui o Estatuto Nacional da Microempresa e da Empresa de Pequeno Porte; altera dispositivos das Leis nº 8.212 e 8.213, ambas de 24 de julho de 1991, da Consolidação das Leis do Trabalho - CLT, aprovada pelo Decreto-Lei nº 5.452, de 1º de maio de 1943, da Lei nº 10.189, de 14 de fevereiro de 2001, da Lei Complementar nº 63, de 11 de janeiro de 1990; e revoga as Leis nº 9.317, de 5 de dezembro de 1996, e 9.841, de 5 de outubro de 1999.

BRASIL. *Lei Federal nº 7.998*, de 11 de janeiro de 1990. Regula o Programa do Seguro-Desemprego, o Abono Salarial, institui o Fundo de Amparo ao Trabalhador (FAT), e dá outras providências.

BRASIL. *Lei Federal nº 8.029*, de 12 de abril de 1990. Dispõe sobre a extinção e dissolução de entidades da administração Pública Federal, e dá outras providências.

BRASIL. *Lei Federal nº 8.212*, de 24 de julho de 1991. Dispõe sobre a organização da Seguridade Social, institui Plano de Custeio, e dá outras providências.

BRASIL. *Lei Federal nº 8.666*, de 21 de junho de 1993. Regulamenta o art. 37, inciso XXI, da Constituição Federal, institui normas para licitações e contratos da Administração Pública e dá outras providências.

BRASIL. *Projeto de Lei nº 1572, de 2011. Institui o Código Comercial*. Disponível em: http://www.camara.gov.br/proposicoesWeb/fichadetramitacao?idProposicao=508884. Acesso em: 7 set. 2017.

BRASIL. *Relatório Parcial do Livro III, referente ao Projeto de Lei nº 1572, de 2011, que Institui o Código Comercial*. Disponível em: http://www.camara.gov.br/proposicoesWeb/prop_mostrarintegra?codteor=1351029&filename=PRP+6+PL157211+%3D%3E+PL+1572/2011. Acesso em: 7 set. 2017.

BRASIL. Tribunal de Justiça do Estado de São Paulo. *Apelação nº 0101715-14.2007.8.26.0011*. Relator: Thiago de Siqueira. Data de Julgamento: 08 fev. 2017. Décima Quarta Câmara de Direito Privado. Disponível em: https://esaj.tjsp.jus.br/cposg/show.do?processo.foro=990&processo.codigo=RI003JR670000#?cdDocumento=64. Acesso em: 13 jul. 2017.

BRASIL. Superior Tribunal de Justiça. *Recurso Especial nº 914.087-RJ (2007/0001490-6)*. Relator: Ministro José Delgado. Data de Julgamento: 23 jun. 2008. Primeira Turma. Disponível em: https://ww2.stj.jus.br/processo/pesquisa/?tipoPesquisa=tipoPesquisaNumeroRegistro&termo=200700014906&totalRegistrosPorPagina=40&aplicacao=processos.ea. Acesso em: 30 nov. 2017.

BRESSER-PEREIRA, Luiz Carlos. *Conceito histórico de desenvolvimento econômico*. São Paulo: FGV EESP, 2006.

BRESSER-PEREIRA, Luiz Carlos. *Economia brasileira:* uma introdução crítica. 3. ed. São Paulo: Ed. 34, 1998.

BRUNA. Sérgio Varella. *O poder econômico e a conceituação do abuso em seu exercício*. São Paulo: Revista dos Tribunais, 2001.

BUSINESS DICTIONARY. Disponível em: http://www.businessdictionary.com/definition/power.html. Acesso em: 15 out. 2017.

CAGGIANO, Mônica Herman Salem (Org.). *Reflexões em Direito Político e Econômico*. São Paulo: Mackenzie, 2002, p. 207-208.

CARMO, Paulo Sérgio do. *A ideologia do trabalho*. São Paulo: Moderna, 2005.

CHIAVENATO, Idalberto. *Empreendedorismo:* dando asas ao espírito empreendedor. São Paulo: Manole, 2012.

CHIMENTI, Ricardo Cunha. *Apontamentos de Direito Constitucional*. São Paulo: Paloma, 2002.

COELHO, Fábio Ulhôa. *Direito Antitruste brasileiro:* comentários à Lei 8.884/94. São Paulo: Saraiva, 1995.

COELHO, Fábio Ulhoa. *Princípios do Direito Comercial:* com anotações ao Projeto de Código Comercial. São Paulo: Saraiva, 2012.

COELHO, Fábio Ulhoa; LIMA, Tiago Asfor Rocha; NUNES, Marcelo Guedes. *Reflexões sobre o Projeto de Código Comercial.* São Paulo: Saraiva, 2013, p. 152.

CONFEDERAÇÃO NACIONAL DO COMÉRCIO DE BENS, SERVIÇOS E TURISMO. *Síntese da Manifestação do Grupo de Trabalho da CNC.* Brasília, 2013. Disponível em: https://www.conjur.com.br/dl/grupo-trabalho-gt-cnc.pdf. Acesso em 08 ago. 2017.

COOTER, Robert; ULEN, Thomas. *Law and Economics.* Califórnia: Addison Wesley Longman, 2000.

CORVAL, Paulo Roberto dos Santos. Os Valores Sociais da Livre Iniciativa. *Revista de Informação Legislativa.* Brasília, a. 43, nº 171, jul./set. 2006.

CRETELLA JR, José. *Elementos de Direito Constitucional.* São Paulo: Revista dos Tribunais, 2000.

DI PIETRO, Maria Sylvia Zanella. *Direito Administrativo.* São Paulo: Atlas, 2014.

DOLABELA, Fernando; TORQUATO, Cid. *Empreendedorismo sem fronteiras:* um excelente caminho para pessoas com deficiência. Rio de Janeiro: Alta Books, 2015.

DOWBOR, Ladislau. *A formação do capitalismo no Brasil.* 2. ed. São Paulo: Brasiliense, 2009.

DUARTE, Clarice Seixas. A educação como um Direito Fundamental de natureza social. *Educação & Sociedade,* Campinas, v. 28, n. 100, p. 691-713, out. 2007. Disponível em: http://www.scielo.br/pdf/es/v28n100/a0428100.pdf. Acesso em: 07 abr. 2015.

FABRETTI, Laudio Camargo. *Simples Nacional: Estatuto Nacional das Microempresas – ME e das Empresas de Pequeno Porte – EPP: Regime Tributário Simplificado, Lei Complementar nº 123, de 14 de dezembro de 2006, Lei Complementar nº 124, de 14 de agosto de 2007.* São Paulo: Atlas, 2007.

FERLINI, Vera Lúcia Amaral. *Terra, trabalho e poder:* o mundo dos engenhos no Nordeste colonial. São Paulo: Brasiliense, 1988.

FERRAZ JR., Tércio Sampaio. *Introdução ao Estudo de Direito.* São Paulo: Atlas, 2001.

FERREIRA, Aurélio Buarque de Holanda. *Novo Dicionário da Língua Portuguesa.* Curitiba: Positivo, 2004.

FERREIRA FILHO, Manoel Gonçalves. A Constituição Econômica. *Revista de Direito Administrativo,* Rio de Janeiro, n. 178, p. 18-23, out./dez. 1989.

FONSECA, João Bosco Leopoldino da. *Direito Econômico.* Rio de Janeiro: Forense, 2014.

FORGIONI, Paula Andrea. *Contrato de distribuição.* 2. ed. São Paulo: Revista dos Tribunais, 2008.

FORGIONI. Paula A. *Os fundamentos do antitruste.* São Paulo: Revista dos Tribunais, 1998.

GASPARINI, Diogenes. *Direito Administrativo.* São Paulo: Saraiva, 2012.

Global Entrepreneurship Monitor. *Empreendedorismo no Brasil:* 2016. Simara Maria de Souza Silveira Greco (Coord.) e outros. Curitiba: IBQP, 2017.

GONÇALVES, Antonio (Coord.). *Pequena empresa*: o esforço de construir. São Paulo: Imprensa Oficial de São Paulo, 2005.

GRAU, Eros Roberto. *A Ordem Econômica na Constituição de 1988 (interpretação e crítica).* Malheiros Editores, São Paulo, 2010.

GUERRA FILHO, Willis Santiago. *Teoria processual da Constituição*. São Paulo: Celso Bastos Editor: Instituto Brasileiro de Direito Constitucional, 2000.

GUIDO, Emilio. *Elementos de Derecho Político*. Buenos Aires: Perrot, 1956.

GUILHERME, Luiz Fernando do Vale de Almeida. *Função social do contrato e contrato social*. São Paulo: Saraiva, 2013.

HENARES NETO, Halley (coord.). *Comentários à Lei do Supersimples*. São Paulo: Quartier Latin, 2007.

HENTZ, André Soares. *Ética nas relações contratuais à luz do Código Civil de 2002*. São Paulo: Editora Juarez de Oliveira, 2007.

HIRAN, S. Danis. *What is Small Business:* A Suggested Criterion Illustrated with Data From the Wool Textile Industries, Explannations. Entrepreneurial History. Massachussets: Harvard Research Center, 1955, p. 174-179.

IBRAHIM, Fábio Zambitte. *A Previdência Social no Estado Contemporâneo:* fundamentos, financiamento e regulação. Niterói, RJ: Impetus, 2011.

JACOBY FERNANDES, Jorge Ulisses. *Sistema de registro de preços e pregão presencial e eletrônico*. Belo Horizonte: Fórum, 2006.

JUSTEN FILHO, Marçal. *Comentários à Lei de Licitações e Contratos Administrativos*. São Paulo: Dialética, 2008.

JUSTEN FILHO, Marçal. *Curso de Direito Administrativo*. São Paulo: Revista dos Tribunais, 2014.

JUSTEN FILHO, Marçal. *O estatuto da microempresa e as licitações públicas*: comentários aos artigos da Lei Complementar nº 123 atinentes a licitações públicas. São Paulo: Dialética, 2007.

KURATKO, Donald F. *Entrepreneurship: Theory, Process, Practice*. Boston: Cengage Learning, 2017.

LEONE. Nilda Maria de Clodoaldo Pinto Guerra. A dimensão física das pequenas e médias empresas (P.M.E's): à procura de um critério homogeneizador. *Revista de Administração de Empresas*, São Paulo, n. 2, v. 31, abr./jun. 1991. Disponível em: http://www.scielo.br/scielo.php?script=sci_arttext&pid=S0034-75901991000200005. Acesso em: 07 mar. 2017.

MARTINS, Ives Gandra da Silva. *Direito Constitucional interpretado*. São Paulo: RT, 1992.

MARTINS, Marcelo Guerra. *Lesão Contratual no Direito brasileiro*. Rio de Janeiro: Renovar, 2001.

MARTINS, Sérgio Pinto. *Direito do Trabalho*. São Paulo: Atlas, 2002.

MASSO, Fabiano Dolenc Del. *Direito Econômico esquematizado*. São Paulo: Método, 2015.

McGUIRE, Joseph W. The Small Enterprise in Economics and Organization Theory. *Journal of Contemporany Business,* Seatle, School, v. 5. 1976, 2, p. 115-138. ISSN 0194-0430. Disponível em: https://www.econbiz.de/Record/the-small-enterprise-in-economics-and-organization-theory-mcguire-joseph/10002411423. Acesso em: 07 mar. 2017.

MEIRELLES, Hely Lopes. *Direito Administrativo brasileiro*. São Paulo: Malheiros, 2014.

MEZZAROBA, Orides e MONTEIRO, Cláudia Servilha. *Manual de metodologia da pesquisa no Direito*. São Paulo: Saraiva, 2009.

MIGUEL, Paula Castello. *Contratos entre empresas*. São Paulo: Revista dos Tribunais, 2006.

Ministério Público Federal (Procuradoria-Geral da República). *Dados da Operação Lava Jato*. Brasília, 2017. Disponível em: http://www.mpf.mp.br/pgr/noticias-pgr/mpf-lanca-novo-site-com-dados-da-operacao-lava-jato Acesso em: 04 nov. 2017.

NALIN, Paulo. A função social do contrato no futuro Código Civil Brasileiro. *Revista de Direito Privado*. São Paulo: Revista dos Tribunais, 2002, v. 12, p. 56, out./dez./2002.

NALIN, Paulo. *Do contrato*: conceito pós-moderno: em busca de sua formulação na perspectiva civil-constitucional. Curitiba: Juruá, 2002.

NUNES, Rizzatto. *Comentários ao Código de Defesa do Consumidor*. São Paulo: Saraiva, 2010.

NUSDEO, Fábio. *Curso de Economia*: introdução ao Direito Econômico. São Paulo: Revista dos Tribunais, 2015.

OSÓRIO, Carlos Willians. A possibilidade de correção de documentos estritamente fiscais por parte da microempresa e da empresa de pequeno porte nas licitações: uma afronta aos ditames constitucionais?. *BLC – Boletim de Licitações e Contratos*, São Paulo: NDJ, ano 29, nº 12, p. 1119-1124, dez. 2016.

OSÓRIO, Carlos Willians. *A efetividade das políticas públicas voltadas às pequenas empresas*: leis, medidas de incentivo e contradições. Saarbrücken: Novas Edições Acadêmicas, 2014.

PEREIRA, Caio Mário da Silva. *Lesão dos contratos*. Rio de Janeiro: Forense, 1993.

PEREIRA, Sylvio. Poder Econômico e Abuso. *Revista de Administração de Empresas*, São Paulo, n. 18, v. 6, jan./mar. 1966. Disponível em: http://www.scielo.br/scielo.php?script=sci_arttext&pid=S0034-75901966000100004. Acesso em: 01 nov. 2017.

PIERDONÁ. Zélia Luiza. A proteção social na Constituição de 1988. *Revista de Direito Social*. Porto Alegre: Notadez, 2007. Disponível em: http://www.egov.ufsc.br/portal/sites/default/files/anexos/16475-16476-1-PB.pdf. Acesso em: 04 abr. 2015.

PIERDONÁ. Zélia Luiza. *Seguridades* (arts. 194 a 204).

PIRES, Antonio Cecílio Moreira. *Direito Administrativo*. São Paulo: Atlas, 2013.

POPP, Carlyle. Princípio constitucional da dignidade da pessoa humana e a liberdade negocial: a proteção contratual no direito brasileiro. In: LOTUFO, Renan (Org.). *Direito Civil Constitucional*. São Paulo: Max Limonad, 1999, p. 172.

PORTUGAL. Constituição (1974). *Constituição da República Portuguesa*, de 25 de abril de 1974. Disponível em: http://www.parlamento.pt/Legislacao/Paginas/ConstituicaoRepublicaPortuguesa.aspx. Acesso em: 15 out. 2017.

PRADO JÚNIOR, Caio. *História econômica do Brasil*. São Paulo: Brasiliense, 2006.

RESCIGNO, Pietro. *Trattato di Diritto Privato*. Torino: UTET, 1990.

ROJAS, Andrés Serra. *Derecho Económico*. México: Editorial Porrúa, 2000.

SACHS, Ignacy. *Inclusão social pelo trabalho*: desenvolvimento humano, trabalho decente e o futuro dos empreendedores de pequeno porte no Brasil. Rio de Janeiro: Garamond, 2003.

SALOMÃO FILHO, Calixto. Função Social do Contrato: Primeiras Anotações. *Revista de Direito Mercantil*. São Paulo: Malheiros, 2003, v. 132, p. 10, out-dez.

SALOMÃO FILHO, Calixto. Poder Econômico. *Folha de S. Paulo*, São Paulo, 20 ago. 2007. Disponível em: http://www.bresserpereira.org.br/view.asp?cod=2437. Acesso em: 20 out. 2017.

SANTANA, Jair Eduardo e GUIMARÃES, Edgar. *Licitações e o Novo Estatuto da Pequena e Microempresa:* reflexos práticos da LC nº 123/06. Belo Horizonte: Fórum, 2007.

SANTOS, António Carlos dos; GONÇALVES, Maria Eduarda; MARQUES, Maria Manuel Leitão. *Direito Económico.* Almedina: Coimbra, 2002, p. 280.

SÃO PAULO (Estado). Secretaria da Fazenda. Assistência Técnica da Coordenadoria de Entidades Descentralizadas e de Contratações Eletrônicas – CEDC. *Manual do pregão eletrônico:* autoridade competente (pregoeiro). São Paulo: 2012.

SÃO PAULO (Estado). Secretaria da Fazenda. *Bolsa eletrônica de compras.* Disponível em: www.bec.sp.gov.br. Acesso em: 24 ago. 2017.

SARAI, Leandro (Org.). *Direito Político e Econômico no Brasil à luz de Caio Prado Júnior.* São Paulo: Arraes, 2015.

SCHUMPETER. Joseph A. *Capitalismo, socialismo e democracia.* Traduzido por Ruy Jungmann. Rio de Janeiro: Fundo de Cultura, 1961.

SERVIÇO BRASILEIRO DE APOIO ÀS MICRO E PEQUENAS EMPRESAS – SEBRAE. *Anuário do trabalho na micro e pequena empresa.* Brasília, 2013.

SERVIÇO BRASILEIRO DE APOIO ÀS MICRO E PEQUENAS EMPRESAS – SEBRAE. *Estatuto Social SEBRAE.* Brasília, 2009. Disponível em: https://m.sebrae.com.br/Sebrae/Portal%20Sebrae/Anexos/Estatuto%20Social%20Sebrae.pdf. Acesso em 04 nov. 2017.

SERVIÇO BRASILEIRO DE APOIO ÀS MICRO E PEQUENAS EMPRESAS – SEBRAE. *Faturamento mensal das MPE no Brasil.* Brasília, 2016. Disponível em: https://m.sebrae.com.br/Sebrae/Portal%20Sebrae/Anexos/faturamento-mensal-mpe-abril2016.pdf. Acesso em: 04 nov. 2017.

SERVIÇO BRASILEIRO DE APOIO ÀS MICRO E PEQUENAS EMPRESAS – SEBRAE. *O que é e como funciona o capital de giro.* Brasília, 2016. Disponível em: https://www.sebrae.com.br/sites/PortalSebrae/artigos/o-que-e-e-como-funciona-o-capital-de-giro,a4c8e8da69133410VgnVCM1000003b74010aRCRD. Acesso em 4 jul. 2017.

SERVIÇO BRASILEIRO DE APOIO ÀS MICRO E PEQUENAS EMPRESAS – SEBRAE. *O Que é uma startup?* Brasília, 2017. Disponível em: http://www.sebrae.com.br/sites/PortalSebrae/sebraeaz/o-que-e-uma-startup,616913074c0a3410VgnVCM1000003b74010aRCRD. Acesso em: 05 fev. 2017.

SERVIÇO BRASILEIRO DE APOIO ÀS MICRO E PEQUENAS EMPRESAS – SEBRAE. *Os donos de negócio no Brasil:* análise por faixa de renda (2003-2013). Brasília: SEBRAE, 2015. Disponível em: http://www.bibliotecas.sebrae.com.br/chronus/ARQUIVOS_CHRONUS/bds/bds.pdf. Acesso em: 04 nov. 2017.

SERVIÇO BRASILEIRO DE APOIO ÀS MICRO E PEQUENAS EMPRESAS – SEBRAE. *Participação das micro e pequenas empresas na economia brasileira.* Brasília, 2014. Disponível em: http://www.sebrae.com.br/Sebrae/Portal%20Sebrae/Estudos%20e%20Pesquisas/Participacao%20das%20micro%20e%20pequenas%20empresas.pdf. Acesso em: 1º dez. 2015.

SERVIÇO BRASILEIRO DE APOIO ÀS MICRO E PEQUENAS EMPRESAS – SEBRAE. *Perfil empreendedor:* conheça características importantes para o comportamento empreendedor. Brasília, 2016. Disponível em: https://www.sebrae.com.br/sites/PortalSebrae/artigos/conheca-caracteristicas-importantes-para-o-comportamento-empreendedor. Acesso em: 05 fev. 2017.

SERVIÇO BRASILEIRO DE APOIO ÀS MICRO E PEQUENAS EMPRESAS – SEBRAE. *Sobrevivência das empresas no Brasil*. Brasília, 2016. Disponível em: http://datasebrae.com. br/wp-content/uploads/2017/04/Sobreviv%C3%AAncia-de-Empresas-no-Brasil-2016-FINAL.pdf. Acesso em: 07 nov. 2017.

SERVIÇO BRASILEIRO DE APOIO ÀS MICRO E PEQUENAS EMPRESAS – SEBRAE. *Sobrevivência das empresas no Brasil (relatório de apresentação)*. Brasília, 2016. Disponível em: https://m.sebrae.com.br/Sebrae/Portal%20Sebrae/Anexos/sobrevivencia-das-empresas-no-brasil-relatorio-apresentacao-2016.pdf. Acesso em: 07 nov. 2017.

SERVIÇO BRASILEIRO DE APOIO ÀS MICRO E PEQUENAS EMPRESAS – SEBRAE. *Terceirização da mão de obra*. Brasília, 2014, p. 14. Disponível em: http://www.bibliotecas. sebrae.com.br/chronus/ARQUIVOS_CHRONUS/bds/bds.nsf/e6f6c32a8036f15dae52d39 5301a6a1f/$File/7553.pdf. Acesso em: 15 out. 2017.

SERVIÇO DE APOIO ÀS MICRO E PEQUENAS EMPRESAS DE SÃO PAULO - SEBRAE/SP. *ABC do candidato empreendedor*: o desenvolvimento em suas mãos. Paulo Melchor (Org.). São Paulo: SEBRAE. 2012.

SERVIÇO BRASILEIRO DE APOIO ÀS MICRO E PEQUENAS EMPRESAS – SEBRAE. *Levantamento de dados da RAIS/MTE*, 2011.

SEN, Amartya. *Desenvolvimento como liberdade*. São Paulo: Companhia das Letras, 2010.

SILVA, Américo Luís Martins da. *A Ordem Constitucional Econômica*. Rio de Janeiro: Lumen Juris, 1996.

SILVA, José Afonso da. *Curso de Direito Constitucional positivo*. São Paulo: Malheiros, 1999.

SMANIO, Gianpaolo Poggio; BERTOLIN, Patrícia Tuma Martins; BRASIL, Patrícia Cristina (Org.). *O Direito na fronteira das políticas públicas*. São Paulo: Páginas & Letras, 2015.

SOUZA, Eda Castro Lucas de (Org.). *Empreendedorismo*: competência essencial para pequenas e médias empresas. Brasília: Associação Nacional de Entidades Promotoras de Empreendimentos de Tecnologias Avançadas - ANPROTEC, 2001.

SOUZA, Washington Peluso Albino de. *Primeiras linhas de Direito Econômico*. São Paulo: LTr, 2005.

SOUZA, Washington Peluso Albino de. *Teoria da Constituição Econômica*. Belo Horizonte: Del Rey, 2002.

TAVARES, André Ramos. *Direito Constitucional Econômico*. São Paulo: Método, 2003.

THEODORO JÚNIOR, Humberto. *O contrato e sua função social*. Rio de Janeiro: Forense, 2008.

VENTURA, Eloy Câmara. *A evolução do crédito da Antiguidade aos dias atuais*. Curitiba: Juruá, 2008.

XI, Papa Pio. *Carta Encíclica (Quadragesimo Anno)*. Disponível em: https://w2.vatican.va/content/pius-xi/pt/encyclicals/documents/hf_p-xi_enc_19310515_quadragesimo-anno. html. Acesso em: 15 out. 2017.

Esta obra foi composta em fonte Palatino Linotype, corpo 10,5
e impressa em papel Pólen Bold 70g (miolo) e Supremo 250g (capa)
pela Gráfica Laser Plus, em Belo Horizonte/MG.